和解

目錄

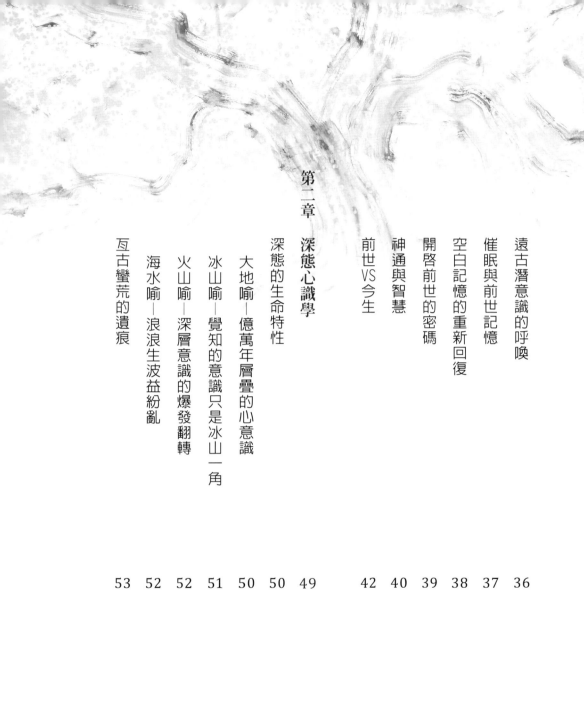

跋

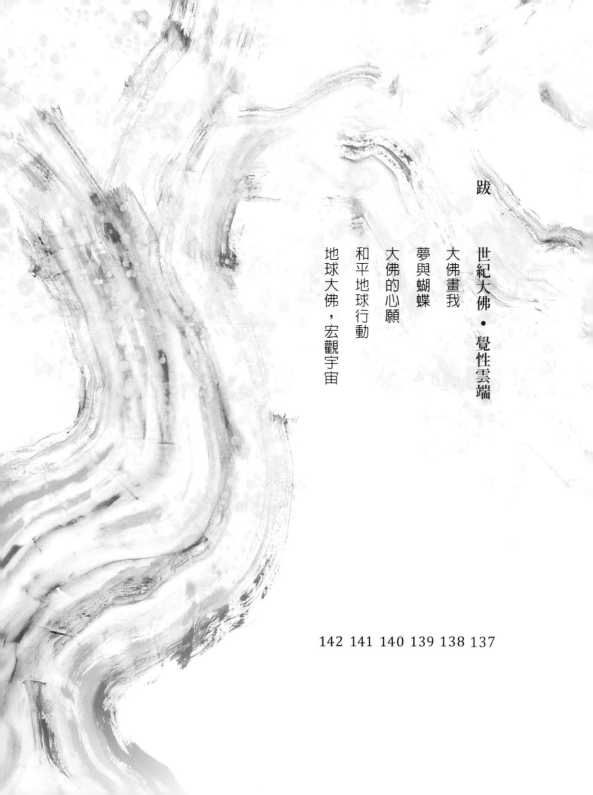

推薦序

慈悲、智慧與和解

離苦得樂是一切有情與生俱來的共同願望，追求祥和社會與和平地球更是所有人類殷切期盼的共同目標！

佛陀在菩提樹下悟道成就無上正等正覺，是一個大覺悟者。佛陀以他的深邃智慧與廣大慈悲向大衆講說，指出了世間三界輪迴的現象與因果定律，更指引眾生透過瞭解宇宙萬事萬物的眞相與自性，修正我們無始以來的錯誤觀念與行爲，來解除自己和他人的煩惱直至解脫輪迴！

世間一切的是非、煩惱、抱怨、批判、排斥、敵對、爭鬥都是源於我們對事情眞相的無知與誤解；源於對自己和別人以及一切事項的妄想、分別乃至執著所導致的結果！

我們透過眼、耳、鼻、舌、身意與外界事物的接觸，形成了自己心識不眞實的印記與錯誤的觀念，深植心田並且影響我們的行爲，乃至生生世世輾轉輪迴，造成了無量的煩惱、對立、紛爭與痛苦！

佛陀在《金剛經》中勉勵我們「應無所住而生其心」；直指我們要開啓自性，破除放下錯誤的知見與行爲，善巧導引我們走在眞理的道路；能夠瞭解自他以及一切事物的眞相，建立正確的知見與觀念，對一切有情生起融合智慧與慈悲的大菩提心！

調伏自心，破除無明與大慈悲心是解脫煩惱與對立爭鬥的根本心要；是一切人類能夠究竟離苦得樂的不二法門！從自己內心到一切有情乃及全世界的和解；秉持「無緣大慈，同體大悲」的廣大心胸與願力，讓我們從當下這一刻起，決定不再墮入煩惱爭鬥的輪迴，共同攜手成就一個「沒有敵者」的淨土！

洪老師用心撰寫《和解》這本書，從佛教的觀點融合了心識學與禪學，提出了「與自身徹底和解」的觀念與呼籲！期望大家能超越三毒、三業與輪迴，建構一個「圓滿和解」的和平地球！這也是金平一直以來奉行與追求的目標，希望透過和平共生，達成政黨和解、社會和解、兩岸和解，世界和解，帶給台灣與全人類永續的幸福！

祈願在佛菩薩智慧與慈悲大威德力的加持下，所有衆生同沐佛光，開啓本具智慧，發大菩提心，共同攜手爲建構和平地球，大同世界與祥和社會而努力！

〈和解台灣．和平地球〉推動委員會　榮譽主任委員

前立法院院長　王金平

推薦序

和解台灣，和平地球

佛陀拈花微笑，是人類有史以來最美的印記，那種發自於慈悲、無我的心靈所展現出來的微笑，自然讓人感受到寧靜和諧之美，深入每一個人的心田，讓怨仇和解、讓社會回歸秩序、人間重現溫暖。

二〇一三年，洪老師希望利用不丹的天外之火，重燃台灣幸福的火光。因此，除了出版《幸福是什麼？不丹總理吉美•廷禮國家與個幸福26講》一書，並邀請不丹前總理肯贊•多傑閣下來台，推動一系列「幸福不丹•幸福台灣」的運動。當時我也帶領著全國工業總會，一起參與了這場幸福運動。

而日本經營之聖稻盛和夫先生在舉辦京都賞最忙碌的期間，仍共同響應這場運動，以「感恩的心是幸福的基石」爲本書作序。曾幾何時，台灣的社會氛圍，慢慢的從「謝天謝地」轉變成「怨天怨地」，福氣也日漸消滅。

近年來，我對於和解的感受特別深刻。在利益與意識型態的導引下，由政黨對立開始，引動社會間各種矛盾；人民、民意機關、政府間充滿不信任，要重拾這種信任，我們必須學會包容，多以同理心來相互瞭解，並以行動來展現改變的決心，不要讓資源消耗在無意義的對抗，讓政治重新回到促進人民幸福的原點。

追求幸福，應該是一種天性，只是當每個人不斷擴張自我，心中充滿怨念，看不得別人好，這樣只會讓我們離幸福日遠。

二〇〇一年，當阿富汗巴米揚大佛被毀時，洪老師發願，願以一己之力，讓大佛永存人間。歷經長達十七年的籌備，他測試各種畫紙、畫布，從五公尺到十公尺的大畫，乃至三十公尺、四十公尺的巨型書法、畫作，一步一步向史無前例的大佛畫邁進。最後以高科技的畫布、可以流傳千年的顏料，完成了人類史上最大的畫作：長 166 公尺 X72.5 公尺，一幅畫面積超過一甲田的世紀大佛，那願力、那體力、那心力、那無念空間的延續，絕非常人可以想像。

今年元月，在洪老師的力邀之下，我號召社會各領域的菁英，組成〈和解台灣•和平地球〉推動委員會。願意化身爲大佛身上的一筆一觸，期待透過一步一腳印的連結，揚起即將完成的大佛畫像，努力促成和解的台灣、和平的地球。雖然這是一條漫長的道路，但是卻不能不做，這是我們這一代爲子孫們留下最神聖恩典的開始！

在大佛展出前夕，大佛「和平地球 Peace Earth」快閃行動，已經在台灣及全球各地如火如荼展開，每個人拉起「和平地球 Peace Earth」布條，大聲說出和平地球的宣言。而這些影像也都將聚合在五月大佛展出的現場，形成全球同步的正念效應！

我們期待以大佛做爲智慧與覺性的平台，當人人心中連接了大佛的慈悲，慈悲又連接著慈悲成網，而慈悲聯網，能夠讓我們居住的寶島台灣乃至地球，成爲眞正詳和、美麗充滿歡樂的人間淨土！

〈和解台灣・和平地球〉推動委員會

主任委員　許勝雄

推薦序

大佛詩篇

在一片無染的白上　忽然從虛空中來了一個點
這個點　彷佛有神性　在無染的白上　遊走
像一隻鳥　在空中畫了一條美麗的弧線
那弧線　沒有人注意　卻很美地俱備了自然的神性
神性無他　無念而已　而人們卻做不到無念
因為人們被自己的念困住了　遮住了　而自己不知道
有一天　有位無念的人　從心中最深的地方起筆
在一片無染的白上　點了一個點

那個點很小　卻放著光
光點在無染的白上　遊走
人們只看到無念遊走的痕跡
像看到了那隻鳥　沒看到那美麗的弧線

弧線是無念的累積　累積再累積　弧線成形
在人們的驚歎中　大佛現身

大佛很高很大　大到剛好所累積的無念
可以穿透人心　成為引領人們的自然神性

大佛出現了　成為人們的依靠
成為　為念所困的人　走向無念的指引
那指引　好似告訴人們
人生無他　只要放下　回歸自己本有的自然神性
在自然神性中　悠然自在　自然會與大佛融合為一

與大佛合一　心靈安靜　智慧通達　歡喜自在
相信　這才是那位無念的人起筆　要用那麼長久時間
畫了大佛的原因

大家來與大佛同在　一起來累積自己的無念
終有一天　我們自己
也會是　天上天下唯我獨尊　活生生的佛

二〇一五中秋，觀〈大佛白描現身〉有感。
洪老師說，畫佛像必須放鬆、放空、無念，在無念中運筆，
吾知此事甚難，故寫此文。

前統一集團總裁　林蒼生

作者序

和解的幸福

爾時，菩薩既已降伏一切魔怨，拔諸毒刺，建立勝幢，坐金剛座已，滅一切諸世間內諍鬪之心。滅諍鬪已，內外調伏，心清淨行，為令一切世間眾生作利益故，為令一切世間眾生得安樂故，為令一切諸惡眾生發慈心故，為斷一切諸惡眾生結垢行故。

—《佛本行集經》• 成無上道品

佛陀於菩提樹下成道的過程，正是生命悟入實相，徹底和解的過程。

阻撓佛陀出脫三界的魔軍，宛如生命中最深的無明三毒具體的顯現。然而，由於慈心的緣故，各種可怖攻擊的刀劍兵杖，落在佛陀身上自然化爲美麗的花瓣飄落，惡龍所吐出來的毒氣，變成了和煦的香風，沙礫、瓦石、雨雹亂下，皆悉化爲天華。

當佛陀體悟到，宇宙萬相皆是由自心所顯現，不只是一切衆生都是我們過去的父母，更重要的是一切衆生與宇宙世界，更是與自己同體無二，泯除了人我與自他的對立，對生命萬有自然生起同體的慈悲心，與自身、他人，及整個山河大地，圓滿了最深刻的和解。

在《過去現在因果經》中說：「爾時菩薩，以慈悲力，於二月七日夜，降伏魔已，放大光明；即便入定思惟眞諦，於諸法中，禪定自在；悉知過去所造善惡，從此生彼，父母眷屬，貧富貴賤，壽夭長短，及名姓字，皆悉明了，即於衆生，起大悲心。而自念言：『一切衆生，無救濟者，輪迴五道，不知出津，皆悉虛僞，無有眞實；而於其中，橫生苦樂。』」

佛陀是生命圓滿的和解者，他一生的行傳中，可以說是「沒有敵者」的寫照。爲了奪取僧團，多次欲謀害佛陀的提婆達多，與佛陀有著宿世的恩怨，然而在《大方便佛報恩經》中，佛陀卻說，提婆達多是他生起慈心、圓滿成佛的因緣；在《法華經》中，更授記了提婆達多未來終將成佛。

暢銷小說《哈利波特》，主角哈利波特與邪惡勢力佛地魔，兩人有著最深的仇怨，卻是心靈相通。佛陀與提婆達多，有一世甚至曾共爲一身二頭的命命鳥。仇怨與我，兩者究竟是一是異？只有與心中最深的仇怨和解，生命才能臻至究竟的圓滿幸福。

佛陀成證大覺之時，於其身中普見一切衆生同成正覺；一切有情衆生世間及無情的器世間，都是如來自身。這也象徵著佛陀的大覺，是自身與自身、自身與他者、自身和山河大地的圓滿和解，和諧統一。

這正是《華嚴經》所說的「智正覺世間、衆生世間與器世間，三世間圓滿成佛。」因此，佛陀視一切生命如己，不只對於一切的有情生命、動物等，以平等護生的立場來相容。對於山河大地、植物草木等，也是以一如和諧的立場來愛護。所以，佛法在環保、護生的立場上，是十分一貫的。在生態與深層生態中，也有力的守護著。

在大乘佛教中，有著「無情有性」、「草木成佛」的看法，華嚴、天台與密宗，都以法界一如的看法，通觀萬物，不只法界萬物，一如平等。甚至一切草木，也終將能成佛。一切的植物與我們，都是平等的存有，相生共榮，在本性上並無差別，在本質上皆爲一體。

二〇〇一年，當巴米揚的大佛被炸毀，我思惟著，一生信守和平非暴力的佛陀會如何面對？因而決定一個人獨立完成 166 公尺的世紀大佛，讓佛陀沒有敵者的精神永存間，也在地球立起覺性的標幟。五月世紀大佛即將展出，祈願所有看見的人都能如佛陀一般，和解生命中的仇怨，生起慈悲友愛之心，共創和平地球、覺性地球！

只有與自己和解，才能帶給自己眞正的幸福，而運用從與自己身心和解的力量，將帶給家人朋友歡喜、快樂。去年我曾寫了一幅對聯：「台灣和解百花開，地球和平萬福來」雖是通俗，應是大家深心幸福的期盼。讓我們一起和解台灣、和平地球，讓所有的生命幸福，共創地球新的黃金紀元！

地球禪者　洪啓嵩

一心……

用最幸福的心

向宇宙中最圓滿的覺悟者

那究竟光明的眞諦實相

與在實相道路中前進的賢聖者

獻上至深的禮敬

祈願吉祥 喜悅 幸福的覺性光明

普照著我們的地球母親 及所有的生命

讓地球母親成爲永續的清淨樂土

繼續撫育著所有人類及一切生命

共創光明的黃金新世紀

－冥想．地球和平禱詞

序曲　和解與大覺

爾時菩薩，以慈悲力，於二月七日夜，降伏魔已，放大光明；即便入定思惟真諦，於諸法中，禪定自在；悉知過去所造善惡，從此生彼，父母眷屬，貧富貴賤，壽夭長短，及名姓字，皆悉明了，即於眾生，起大悲心。而自念言：「一切眾生，無救濟者，輪迴五道，不知出津，皆悉虛偽，無有真實；而於其中，橫生苦樂。」作是思惟，至初夜盡。

—過去現在因果經　卷三

降魔成道—生命中徹底的和解

悉達多太子經過六年的苦行，了知苦行無益於解脫而捨棄了苦行。在菩提樹下進入甚深的禪觀，一心精勤的求道，出離生死輪迴。

魔王派出美麗的魔女們，希望以美色動搖他，不料美若天仙的魔女們在悉達多太子面前，剎那間變得老態龍鐘，髮白面皺，齒牙動搖，細緻光滑的皮膚變得乾癟，腹大如鼓，要以柱杖支撐才能勉強站立，原來這是悉達多太子為了讓她們了悟無常的實相所示現的神力。

看見悉達多太子不被愛欲所誘惑，魔王更為震怒，立即發動無量魔軍，手持種種可怖的武器，將悉達多太子密密包圍，魔軍有著龍頭、熊、羆、虎等種種可怖怪獸的頭，有的一身多頭，有的多頭上各有一目，有的大腹長身，有的長腳大膝，或身著虎皮，或身上纏繞著無數毒蛇，或是頭上燃燒著瞋恨的火焰，無量的魔眾，有的在空中旋轉，有的咆哮怒吼，威嚇恐怖，圍繞著太子，就像要把他撕裂成千萬片一般，他們瞋心熾盛，甚至連毛孔中都流出血來，將天空擠得水洩不通，如同烏雲密佈，魔軍發出恐怖的聲音，天地震動，天人善神驚恐的退避遠處，憂心地看著被魔軍圍繞的太子。

但是悉達多太子卻不被這一切恐怖威嚇所動，面不改色，就像獅子處於鹿群中一般。魔軍使盡各種威力要摧破太子，儘管他們在空中憤怒叫囂，以各種武器發動攻擊，但是各種刀劍兵杖，一碰觸到悉達多太子的身體，自然化為美麗的花瓣飄落。

悉達多太子以慈悲力的緣故，使魔軍中正要舉起巨石攻擊者，忽然無法舉起，正舉起要丟擲者，無法放下，各種飛刀舞劍，忽然像時間暫停一般，靜止於空中。

種種雷電戰火，化成了五彩繽紛的天花，惡龍所吐出來的毒氣，變成了和煦的香風，沙礫瓦石雨雹亂下，皆悉化為拘物頭花。所有彎弓要射菩薩者，他們的箭好像黏著弦一樣，都射不出去，也有的射出之後就停住空中，箭鏃上都生出蓮花，原來是火勢猛熾的火箭，也都化為五色繽紛的拘物頭花。

各種恐怖醜惡的形貌，欲惱害悉達多太子者，卻無法動他一根汗毛。只見太子身心泰然，一點也沒有瞋恨怨怒的心想。這些魔眾，卻於無怨恨處，橫生忿恨，然而，這種愚痴的行為，卻像人手持火把燒天一般，只是徒自疲勞，一點用處也沒有。

悉達多太子對魔王說：「魔王波旬，你當一心諦聽！現在我以此來斷除你的怨仇，除去你的惡業，消除你的嫉妒，幫助你成就無上圓滿大覺。你應當回心向善，生起大歡喜。你以微小的善報而今獲得天人善報，而我於往昔無量劫來，修持聖道之行，而今將證得無上正等正覺。」

太子悲愍魔王雖然受用天福，卻沉淪生死長夜，無法得脫，深心希望度化魔王圓滿成佛。

但魔王卻悻悻然地說：「往昔我所修的善業你能知曉，但是你說你累劫修持，誰知道呢？」

此時，悉達多太子舉起右手指著大地，地神出現為之證明，此時三千大千世界發生六種震動，發出巨大聲響，魔軍兵將嚇得退散潰亂，顛倒狼籍，原先變化成各種恐怖怪獸的形體欲恐怖悉達多太子，現在卻無法恢復原來的形體，惶亂奔走，兵杖武器散落林野。

這時，悉達多太子心意澄淨，湛然不動，天空一點煙霧也無，風息靜止著，落日已然西沉，月輪澄澄澈澈，星空璀璨，空中雨下諸天妙花，天神慶賀著菩薩降伏魔軍。

爲慈愍衆生而具足神通

悉達多太子以慈悲之力，降伏魔衆，放大光明，入於禪定中思惟，了知過去世所造一切善業惡業，父母眷屬、姓名及諸行業，而對衆生起大悲心，思惟：「一切衆生，沒有救濟者，於六道中輪迴不休，不知解脫，於各種虛僞情事中，執著爲眞實，生起種種苦樂。」

在中夜時分，悉達多太子攝持一心，證得憶念過去宿命的智慧，通觀過去自己及他人投胎受生的情況，完全了知一生、二生乃至十生、百生、千生、萬生、億生、百億生、千億生……。乃至成劫、壞劫及無量的成劫、壞劫等時空因緣的變化，完全憶知。一一的住處，不管是名或姓、長相、飲食、苦、樂、生、死等。所有的形相、住處、事業，不管是自己或他人，都完全了知。

悉達多太子在得到宿命通，魔衆退卻之後，生起慈愍一切的心。這時悉達多太子不見魔衆，就心念著魔衆，生起天眼觀察魔衆，這時見到了魔衆，卻聽不到他們的聲音，所以又生起了天耳通，來聽聞他們的聲音。

悉達多太子得證天眼通之後，觀察世間，皆能完全徹視。就宛如在明鏡中，見到自己的面像，見到一切眾生，種類無量，從此死亡而生於彼處，隨著所行的善事、惡事，受著苦樂的果報。

悉達多太子又以天眼觀察，天耳聽聞十方六道的眾生。為了了知他們的心念又生起了他心通。

斷除生命輪迴的瀑流

悉達多菩薩如是遍歷觀察六道眾生之後，感嘆地說：「一切眾生堅住於生老病死的險惡道路之中而不自覺，應該如何使他們脫離生老病死眾苦積聚？」

他開始思惟：「這老、病、死是從何而來的呢？」他了悟：因為有生的緣故，而有老、病、死。

「生是從何而來的呢？」他了悟：因為有的緣故，而有生。

「有是從何而來的呢？」他了悟：因為取的緣故，而有有。

「取是從何而來的呢？」他了悟：因為愛的緣故，而有取。

「愛是從何而來的呢？」他了悟：因為受的緣故，而有愛。

「受是從何而來的呢？」他了悟：因爲觸的緣故，而有受。
「觸是從何而來的呢？」他了悟：因爲六入的緣故，而有觸。
「六入是從何而來的呢？」他了悟：因爲有名色的緣故，而有六入。
「名色是從何而來的呢？」他了悟：因爲識的緣故，而有名色。
「識是從何而來的呢？」他了悟：因爲行的緣故，而有識。
「行是從何而來的呢？」他了悟：因爲無明的緣故，而有行。

悉達多太子觀察生命流轉煩惱的因緣，從無始無明啓動，產生了我執，我執以自我爲中心，而從與宇宙中沒有分別的現象中，產生摩擦，產生對立，產生生命的求生意志，這個求生意志的運作就是所謂的「行」。

而這個求生意志的運作，以圍繞著根本的無明爲中心，不斷形成生命的記憶，這種記憶本身是沒有實質的，是純粹意識的，這種生命記憶的不斷累積，形成了所謂的「意識」。

而這意識的不斷累積，都以根本我執爲中心，而造成生命的意識。生命的意識就是整個生命的記憶。

這個意識投入了母胎，與受精卵結合在一起，產生了「名色」。

「名」是精神，就是意識。「色」是物質體，也就是受精卵。這意識進入受精卵，整個生命不斷地運作，而產生了「六入」。

眼、耳、鼻、舌、身、意六入接觸外境，產生觸覺，觸覺會產生感受的力量。感受的力量產生執著，執著產生「愛」，愛又產生執取，由執取而有了存有的現象。

而這存有的現象又推動著生與老死。

於是，他更進一步思惟：

「老、死的原因是什麼呢？如何才能滅除呢？」

他了悟到：無明滅除之後，行就滅除了；行滅除之後，識就滅除了；識滅除之後，名色就滅除了；名色滅除之後，六入就滅除了；六入滅除之後，觸就滅除了；觸滅除之後，受就滅除了；受滅除之後，愛就滅除了；愛滅除之後，取就滅除了；取滅除之後，有就滅除了；有滅除之後，生就滅除了；生滅除之後，老、死就滅除了；老、死滅除之後，生命的憂悲苦惱就滅除了。

悉達多菩薩如此順逆觀察生命流轉的十二因緣，於清晨破曉時分，東方昇起一顆明亮的曉星之際，悉達多太子廓然大悟了，證得無上圓滿的覺悟，成為偉大的覺者——佛陀，為輪迴苦迫的生命，開啓了大覺的曙光。

佛陀成證大覺之時，於其身中普見一切眾生成正覺；乃至見一切眾生入涅槃；見到有情的眾生世間和無情的器世間，都是如來自身。這也象徵著佛陀的大覺，是自身與自身的圓滿和解；是自身與他者的圓滿和解：是自身與山河大地的圓滿和解。也就是《華嚴經》所說的：智正覺世間、眾生世間與器世間，三世間成佛。

依於這樣的理路，佛陀不只對於一切的有情生命、動物等，以平等護生的立場來相容。對於山河大地、植物草木等，也是以一如和諧的立場來愛護。所以，佛法在環保、護生的立場上，是十分一貫的。在生態與深層生態中，也有力的守護著。

由於這樣的立場，在大乘佛教中，更有著「無情有性」、「草木成佛」的看法。如華嚴、天台與密宗，都以法界一如的看法，通觀萬物。因此，不只法界萬物，一如平等。甚至一切草木，也將能成佛。一切的植物與我們，都是平等的存有，相生共榮，在本性上並無差別，在本質上皆爲一體。因此，「一花一世界，一葉一如來」，山河大地、草木植物，不只是美麗莊嚴，而且也可以說是佛身的展現。

眾生痛苦的根本來自無明；佛陀是由於完全覺悟了宇宙中痛苦的實相，破除一切的無明而成道的。佛陀可以說是生命圓滿的和解者，他的一生的行傳中，可以說是「沒有敵者」的寫照。

佛陀成道之後，他當王子時的車夫車匿，也追隨佛陀出家修行。但是車匿有一個很不好的習慣，就是喜歡到處講八卦，聊是非，讓僧團產生許多無謂的紛爭。他甚至因此而得了「惡口車匿」的封號。

佛陀入滅前，曾說道：「我去世以後，應當以最高的處罰懲戒車匿。」

「怎樣懲戒呢，世尊？」

「無論他說什麼，弟兄們不要和他說話，也不要勸勉他和告誡他。」這個處罰十分有效，當大家都不理會他，他也感到很無趣，只好獨自專心修道，後來證道成阿羅漢聖者。

佛陀對所有的團體、宗教，及所有人，都一樣有著平等慈和之心。在他心中，一切眾生都是平等的，而且未來終將成佛。當離車毘族將軍耆那教徒悉訶表明希望皈信佛陀的時候，佛陀吩咐他像從前一樣，以食品及禮物供養常到他家中來的耆那教僧人。

即使是阿闍世王爲了篡奪王位，曾經和提婆達多聯手，企圖以灌醉的狂象謀殺佛陀，他也是毫不在意地忽視這種令人不快的瑣事，依然前往王舍城接待國王，向他宣講了最微妙的教法，壓根不提往事。

經典中描述佛陀是一個具有無比意志力的人，威武不能屈，富貴不能淫。還可以說辯論不能服。和其他宗教領袖相比，他指正錯誤時，則特別溫和，他常常認爲這是不相干的事而加以忽視。他在臨終時，對最後一個皈依他教法的弟子說：「不要緊，別的導師是正確也好，是錯誤也好。聽我說吧！我來把眞理告訴你。」

佛陀被稱爲「永遠的微笑者」，他解脫自在像溫暖陽光一般，照耀著每一個衆生。佛陀從不生氣，對於別人最多也是指斥爲痴人而已。在佛世當時，有所謂的六群比丘。這六名比丘經常口角，以致人們說這是人盡皆知的醜事。有一次，大家希望佛陀出面勸勸他們，佛陀告訴大家沒有用，大家不相信，佛陀只好隨順大家的意見，出面勸誡六群比丘。

但是六群比丘之中有一人回答說：「讓世尊去安安靜靜地享受他在今生所獲得的福報吧！吵架的責任由我們自負。」這似乎是清清楚楚地暗示，世尊最好少管閒事。進一步的訓導和比喻，也沒有產生較好的結果。世尊心想：「這些蠢人眞是昏頭昏腦。」於是他就站起來走了。所有對佛陀不敬、不友善乃至謀害的事，從來不曾影響佛陀的微笑。

佛陀拒絕任何戰爭殺戮，他說：「戰勝增怨敵，戰敗臥不安；勝敗兩俱捨，臥覺寂靜樂。」他不認爲任何以暴易暴的行爲，能帶來任何恒遠的光明。

一心復仇的琉璃王在出軍攻打佛陀的母國釋迦族之前，佛陀曾三次在他出軍的必經之路上坐禪等待，而使琉璃王三次退軍，但最後釋迦族仍然逃不過被屠殺滅族的命運。即使如此，之後琉璃王深自懺悔，佛陀也一樣爲他宣說最殊勝的法要，一如對待其他人一樣平等無二。

佛陀承認世間的政治現實，但卻推動著永不停止的和平革命，改造一切不義，使人間趣向淨土。

所有人間的不圓滿來自衆生的貪、瞋、痴，佛陀了解這不是任何外在世界的發展所能化除的；外在世間的改造是助緣，內心世界的昇華才是主因。我們向內化除貪、瞋、痴而修行成佛；外而莊嚴人間使之成爲淨土，是佛陀出現於世間的大事因緣，也讓我們看到大覺和解的生命典範！

讓我們觀察過去的心境
將我們過去的身心調和圓滿
讓我們現在的身心更加健康、幸福
更引導著我們的未來　在幸福光明
於是　當無盡的喜悅生起時
當下　我們畏懼、怨恨的心也完全消失了
每一個念頭都是無盡平等的大喜樂

－冥想・地球和平禱詞

第一章　記憶最遠到那裡？——從前世今生談起

我今已得難得人身，如何起如是過惡失大善利？我應饒益一切有情，如何於中反作衰損？我應恭敬一切有情如僕事主，如何於中反生憍慢毀辱凌蔑？我應忍受一切有情捶打呵罵，如何於彼反以暴惡身語加報？我應和解一切有情令相敬愛，云何復起勃惡語言與彼乖諍？我應忍受一切有情長時履踐，猶如道路亦如橋梁，云何於彼反為凌辱？我求無上正等菩提，為脫有情生死大苦，令得究竟安樂涅槃，云何復欲加之以苦？我應從今窮未來際，如癡、如瘂、如聾、如盲，於諸有情無所分別，假使斷截首足身分，於彼有情終不起惡勿我起惡，破壞無上正等覺心，障礙所求一切智智。

—大般若波羅蜜多經　卷三百三十七

生命的記憶到底有多深？多遠？是否能跨越前世？電影《第六感生死戀》（Ghost）中，男女主角跨越陰陽兩界的生死戀情，讓無數男女熱淚盈眶。生命的記憶果眞能穿越時空？人死之後的生命記憶又佔有什麼樣的地位？生前的記憶和死後是否有著密切的關聯？

我們看大部分的鬼片，發現鬼幾乎都穿著古代的服裝，而許多人看到已故的親人回來，則都是穿著生前常穿的衣服，以熟悉的模樣出現。

有的鬼魂會在生前常出現之處徘徊，如小說《陰陽師》中就曾描寫在皇宮內吟唱和歌的大臣鬼魂。其中很多鬼魂都以爲自己還活著，或是拒絕接受自己已經死亡的事實，徘徊在生前的空間，不願離去。

另一種則是臨死前的記憶太過驚慌痛苦，強烈到使其死後仍不斷重複同樣的情境。有一則日本的誌異，記載一處曾發生過慘烈空難的地區，夜晚經常有民衆看見當時慘烈哀號的情境不斷在現場重演。這種難以抹滅的強烈生命記憶，使其困在其中無法得脫。

《聊齋》中有一個故事，把這種記憶推展到一個層次——

〈葉生〉講淮陽地區有一個書生姓葉，文采冠於當時，可惜考運不好，屢試屢敗。有一位地方官丁公，非常賞識他的才華，就請葉生到官署擔任文書，並常賜錢穀幫助他全家的生活。

有一年，又逢科試，葉生應試，沒想到又落榜了。葉生非常懊喪，加上自覺辜負丁公知遇之情，回家後竟然一病不起。丁公就親到他家中去慰問。不久之後，丁公任期到了，要回到故里，於是寫信給葉生，看他是否願一起回故鄉發展。

送信的差人將信送達，葉生看了信之後，在病榻上持書啜泣，告訴差人請丁公先出發。

過了幾天，丁公接到門人通報葉生已至，丁公非常歡喜，就和他一起回到故里，並讓自己的孩子以師之禮事奉葉生。過了不久，葉生參加闈試，竟高中亞魁。丁公心想葉生離家也有一段時間了，問他是否回故鄉看看。葉生不肯，丁公也不忍心勉強他。後來葉生與丁公入於王都，應試連連報捷。

於是丁公就勸葉生，應是衣錦還鄉的時候了。葉生這次也歡喜的選擇吉日出發返鄉。回到故鄉之後，看見家門蕭條，心中非常悲傷。而他的妻子出門看見他，竟嚇得驚駭而走，躲在遠遠的地方。葉生說：「我現在富貴了，才三四年不見，難道你不認得我了嗎？」他的妻子發抖得口齒不清，邊流淚邊說：「你已經死了很久了，因爲家貧子幼，沒錢埋葬，你的靈柩到現在還停在家裡啊！」

葉生聽了無限惆悵，慢慢走進家中，一看見自己的靈柩，整個人忽然撲地而滅。葉妻驚訝地上前一看，他所穿戴的衣冠、鞋子就如同蟬蛻一般，葉妻傷心欲絕，抱著他的衣冠痛哭不已。

這是一個不知自己已死的鬼，還像活人般生活了數年的故事。

前世的生命記憶眞的存在嗎？

不說別人，希臘先哲柏拉圖就相信。他相信靈魂有別於肉體存在。因此這一世我們所有對事物進行的認識，都只是在進行一種重新回憶。這段論述，在他的《斐多篇》裡，借蘇格拉底臨死前的泰然自若做了最生動的解釋。這種觀點，也提供了我們對生命記憶另一種更深層的思索。

事實上，人類的細胞中存有著四十億年來生命演化的殘留、集體宇宙潛意識的痕跡，以及一百五十億年，乃至無窮時劫的宇宙發展紀錄。人類大腦的進化就是一個最好的例證。我們的大腦是依著爬蟲類的大腦，乃至更原始的基本生命型態，再逐漸進化而來，所以存有著原始動物本能的記憶與夢境，承載著太古洪荒的生命集體意識。

而這無窮的累世記憶，就宛如地層結構一般，層層覆蓋，離我們越近的前生，記憶越清晰，就像越靠近地表的地層，越容易浮現。

爲什麼我們對前世的記憶會遺忘？

這是人類生命在建構人間倫理時，以今世爲重心的生命觀。爲了保護這個結構所成的生命自我防護機制，它把許多生命的牽葛切斷，將許多無限的假設化約來處理，以此來確立整個人際、人間的倫理。

催眠與前世記憶

現在最流行看到前世的方法，是利用催眠「回到前世」。透過催眠等方法所得知的前世是否眞實？這是很值得深思的。

現代催眠術起源於法國，但有趣的是，因爲法國早年做過不少有關催眠回憶的研究，所以對催眠下的陳述是否確爲事實，仍採取保留態度，而僅是將其定位於醫療技術。

我們可以用電視接收訊號而形成影像，來說明催眠所看到的「前世」。我們自身像一個電視，可以接收無數個頻道，但是如果沒有足夠的定力，就好像沒有定頻器一樣，無法定頻，影像不清楚，只是雜亂的重組與詮釋。

催眠運用在治療上確實有極大的成效，但是如果將這種過程中的陳述魯莽地認定爲客觀的事實，並不恰當。被催眠者自身、催眠師的引導及所使用的藥物，三者都有很大的影響。

當然，在被催眠者自身的描述中，可能有眞實的成分，但也許只占了百分之一，其餘百分之九十九是跳來跳去，是極不穩定的影像。

而我們今生所看過、聽過，乃至幻想的一切，在催眠的誘導下都會重新浮現。這些跳動的訊息，經由受催眠者本身重組，再加上催眠師的暗示、引導，要創造一個，甚至無數個前世，都不是什麼困難的事。

空白記憶的重新回復

其實，大部分的人都有「記憶回復」的經驗，只是並未到達前世。小孩子「收驚」就是個例子。透過某種宗教儀式，將他遺落在某個地方的部分神識召喚回來，這是一個將遺落在某處的生命記憶喚回來的過程。

我自己個人也有這方面的經驗，一次是在一九八三年，我在深山閉關的時候，身心處於甚深的禪定狀態，於是很清楚的憶起了幾年前的事情，甚至小時候早已忘記的事情也想起來了。不僅是事件本身，連做這些事情時背後的心念都很清楚。

另一次的經驗是一九九〇年，我發生了一次很嚴重的車禍，當時我騎著機車，被逼到快車道，這時停在前面的車子車門忽然打開，我就被撞飛出去。人還沒落到地上，另一輛正疾駛過來的車子又撞上我，把我拖在車底下滑行了一百多公尺。當時我被送到醫院已經昏迷，醒來的時候，只知道自己發生車禍，但是從被車撞到及被拖在車底，這段記憶都是空白的。

經過一段時間之後，有一天我走進一家銀行，當初我就是在這段路上發生車禍的。當我一踏進銀行，一瞬間，很微妙的，我的腳底開始發熱，那段我被車撞到，在車底下被拖行，身體迸出火花的記憶，馬上浮現出來。這段遺落的生命記憶，在此處重新回復銜接上了。

或許這和我長期的禪定修持經驗有關吧！

開啓前世的密碼

什麼樣的能力可以眞正看到前世的記憶呢？

眞正要回溯到前生的記憶，必須要有能進入細胞深層的技術，才能控制定頻開關，轉到想看的頻道，這必須透過自覺的過程，自身具足禪定的能力，而非只透過催眠就可以達到。

這種特別的能力在佛教中稱爲「宿命通」能了知自身及他人過去世，乃至久遠的時劫之前是何種生命。在佛教的經論《集異門足論》卷十五中說：「能隨憶念過去無量諸宿住事，謂或一生，乃至廣說，是名宿住智證通（宿命通）。」

在神通的體系中，佛教有極爲清楚完整的理論體系、實際的技術及檢證過程，以及嚴格的運用原則，平常是不能隨便使用這種能力的。

在前世的記憶裡，還有另外一個讓人好奇的問題：我們的生命記憶最遠可以到達哪一個前世？或是具有神通能力的人，最遠可以了知別人多久以前的前世？

在佛經中有一個故事，可以說明不同的神通能力所能看到不同的極限。

佛陀停留在祇園精舍的時期，某一天清晨，佛陀與大弟子舍利弗在園中散步。當時有一隻鴿子被老鷹追逐而躲到佛陀的影子裡，於是佛陀就叫舍利弗觀察這隻鴿子的宿世已經作了幾世鴿子？多久以後會脫離鴿身？

舍利弗以神通觀察，發現這隻鴿子上輩子乃至很久的時劫以前，仍然是鴿子，但再往前就無法觀見了。他又觀察這隻鴿子的未來世，發現這隻鴿子來生，乃至久遠以後皆未能脫離鴿身，再往後就不得而知。

佛陀於是告訴舍利弗，這隻鴿子除了方才他所觀察到的一切之外，將來還會在很長的一段時間常作鴿身。何時出脫，何時投胎爲人，何時開始修行，何時開始發心，何時成佛，何時入滅，佛陀都能一一清楚的了知。

舍利弗是佛陀的出家弟子中智慧第一者，雖然他可以觀察到非常久遠的時間，仍然有限制。和佛陀的神通力相較之下，就如同小兒與大人的能力一般，無法相比較。

神通與智慧

在佛法中對神通的境界有所謂的「通」和「明」的分別，前者雖然能看到現象，卻無法理解現象背後形成的因緣。而「明」則是既能看見現象，又具有智慧，能了解爲何會形成這種現象。以「宿命通」爲例，有「宿命通」的人只能看到過去世的現象，卻不能了知爲何如此。而具足「宿命明」者，除了能看到現象，更能進一步了知背後形成的原因，並具有完整的解說能力。

一般自稱能看到前世的人，不但能見的範圍有限，對許多現象也都解讀錯誤。佛經中曾記載著一個故事，有一個人天生就有了知前世的能力，知道自己曾輪番投生爲天神，或投生在人間以屠羊爲業。於是他認定自己能有投生爲天神的善報，必定是由於屠羊而來，便更加賣力殺生，死後卻到地獄去了。原來他的宿命通只能看到前六世，卻不知道自己能投生爲天神，及擁有天生宿命通的福報，是由於前七世遇見辟支佛聖者，生起歡喜心、善心的福報所致。只是他的福報先成熟，殺生的惡業尚未成熟，而先受用福報。

這個故事也點出了許多自稱能看到前世者的問題，姑且不論其看到的前世訊號是否穩定、正確，只是看到一些靈異的現象，如果沒有足夠的智慧，錯誤地詮釋，很可能誤入生命的歧途。

對前世今生記憶的探討，讓生命不再侷限於此生的時空。但是在這個過程中，無論是在事實的求證上，或是道德的抉擇上，都必須是非常小心謹慎的，不能魯莽行事。

擁有這種能力並非難事，重點在於：這種能力對我們此生的生命到底是向上增長，還是牽扯出更多難以面對的糾纏困境？畢竟生命是要以今生爲主的。如果沒有足夠的智慧和定力，同時處於許多個前世的因緣中，很可能會人格分裂。這也就是爲什麼眞正高明的修行人都不會隨便告訴別人前世的因緣。

台灣高僧廣欽老和尚，大家都知道他有神通，但是他從來不說三世因果。每次有人想求老和尚告訴他前世，老和尚都不回答，只教人老實念佛。有一次，弟子抱怨地說：「師父啊！你都不幫人看三世因果，人家還以爲您沒神通呢！」廣老回答：「如果他上輩子是條狗，我告訴他，他受得了嗎？」就像有一個信衆去問某位師父前生，師父說他上輩子是一頭羊。結果那個信衆很傷心，每天早上看鏡子，總覺得越看越像，臉長長的，眞的像羊一樣。因爲他每天越看越想越像，就越看越傷心，當他被羊的形相籠罩著，面貌不自覺地就改變了，這是在潛意識裡養成羊的習氣，也增加了下輩子投胎成羊的可能性。

事實上，要知道前世如何，看看我們今生的果報就可以了解了。同樣的，要知道來生會如何，則看今生的努力了。

前世VS今生

在中國的小說、誌異中，有許多借屍還魂的故事，從某一個角度來看，它和憶起前世有頗大的相同之處。

如果我們相信經由催眠而喚起的「前世」，並沉浸其中，無法自拔，那麼我們的人格很可能會有分裂的危險，或是乾脆完全退回前世的情境，拒絕今生。這和一個借屍還魂者的處境有什麼兩樣呢？——他認爲現在的身體不是自己的、周遭的家人、親友根本是不相干的陌生人，眞正的「他」應是某處的某人，而且其所指認的親友大部分都是還存活著，甚至比現代人所憶起的「前世」還要實在，他可能選擇回到過去，但是這樣的遭遇如何呢？清朝張爣昌先生所著《客窗閒話》裡，有一個故事：

有一個公子，在家排行老三，年十七歲，聰敏過人，風度翩翩，雙親視若珍寶。有一天他跟隨父親到四川去當縣令時，他的馬突然狂奔，公子掉落懸崖，當場就摔死了。但是他的神識並不知道，飄行千里，落在山東歷城縣某村的男人身上。

他醒來後，周圍吵嘈的群衆嚷著「醒了醒了！」，還有一個老婦人上前摸摸他滿身大汗的軀體。公子驚疑且嫌惡地縮起身子，並問道：「你是誰？這是什麼地方？」老婦人驚訝地說不出來，幫忙料理後事的父老就回答他：「你剛醒來，神智還沒完全清醒。這是你母親，你怎麼不認識了？」又指著一個牽著孩子的醜婦人說：「這是你妻子和孩子。」

公子聽了生氣地坐起來：「這太荒唐了！我是某公子，隨父親上任時，摔下馬來，被風吹到這裡。我也還沒娶妻，怎麼會有兒子呢？而且我的母親是皇上敕封的孺人，村野老婦怎麼可以隨便冒充？」

周圍的村民看他口出狂言，都議論紛紛。那群父老又說：「你不要胡言亂語，如果不相信，不妨自己照照鏡子。」公子拿起鏡子一照，鏡中根本不是自己，而是一個四十幾歲的大痲子。「還我本來面目來！還我本來面目！我情願死了算了！」公子不禁捧鏡大哭起來。

料理後事的群衆告辭之後，公子覺得肚子很餓，那位醜婦就拿出半塊糖餅給他吃，公子勉強下嚥，但想起以前吃的山珍海味，現在吃的簡直比牲口吃的都不如，不禁邊吃邊流淚。他環顧四周，只看見三間破房子，土坑上盡是破衾敗絮和襤褸衣褲，臭穢難聞，他越看越懊惱，又不知該怎麼辦。到了晚上，醜婦帶著兒子要和他同睡，卻被他大聲斥責出去。

第二天，隔壁的老翁上門來慰問：「我原是你的好友，但是你病癒後，性情大變，對你的母親、妻子都像仇敵一般。你的家境本來就貧困，現在又不願養家活口，我看鄉里恐怕不能容忍你這種不孝不義的人，你打算這輩子要怎麼辦呢？」

公子悲泣地說：「承蒙您的好意，但是您聽聽我的聲音，像是你好友的聲音嗎？」

老翁說：「聲音確實不同，但是人卻一樣。我昨天聽你說的話，就知道你是借屍還魂。但你現在既然變成他的模樣，怎麼能不做他份內的事呢？就好像做官，即使本來是總督、巡撫，如果被降爲雜職，難道能不安於雜職，做他應做的嗎？」

公子歎了一口氣，覺得老翁說的的確有理，於是請教他，自己今後應該怎麼辦才好。

老翁說：「你應該把他的母親當做自己的母親，把他的兒子視為自己的兒子，自食其力，養家活口，了此一生。」

公子說他只會讀書作文章，其餘事一點也不會，於是老翁就替他想法子，他到鄉里間宣揚這位老友的才學。大家一聽原本目不識丁的雇工居然能吟詩作文，都半信半疑地來求證。看到他引經據典，侃侃而談，既驚訝又佩服。

終於，公子開館授徒，教人讀書，自己也搬到古廟去，不再回家，只是拿錢養家，家人既得溫飽，也樂得安於現狀。

不久之後，公子赴考，上榜成了秀才。他的心中仍念念不忘以前的家，便請託要到四川的友人帶信給父親。公子的父親接到信以後感到很奇怪，就回了一封信，附上旅費，要他親自到四川來相見。

公子以前在家時，才貌出眾，備受雙親寵愛，反而冷落了兩個兄長，所當他墜馬而死之後，這兩個兄長竊喜不已，現在聽說他要回來，心裡很不是滋味。

那裡知道見面一看，竟是一個四、五十歲的大麻子，不但父親懷疑，母親也不願相認，兩個哥哥更斥他是假冒的。雖然公子對小時候的生活細節指證歷歷，但是他的母親和兄長卻仍無法接受。父親儘管憐憫他，但恐怕留他下來，也無法見容於家人，就給了他一些銀子，叫他再回去山東。

故事中的主人翁，可以說已經死了，但偏偏又活在另一個世界裡，他不願接受現在的生命，想再回到「前生」，卻發現一切都不可能再回到從前。

在探索神秘的前世記憶時，我們是否曾經思惟：了知前世，乃至前幾十世，對生命眞的有助益嗎？

在張系國先生的小說裡曾以此而描繪出未來的世界：假設未來世界的人都有了知過去及至未來好幾世的能力，那麼所有的債務追討期限也都延長了，監禁也可以一判好幾世。所以，有人可能呱呱墜地時就債台高築，或是被關進監牢繼續服刑。

47　和解 Reconciliation

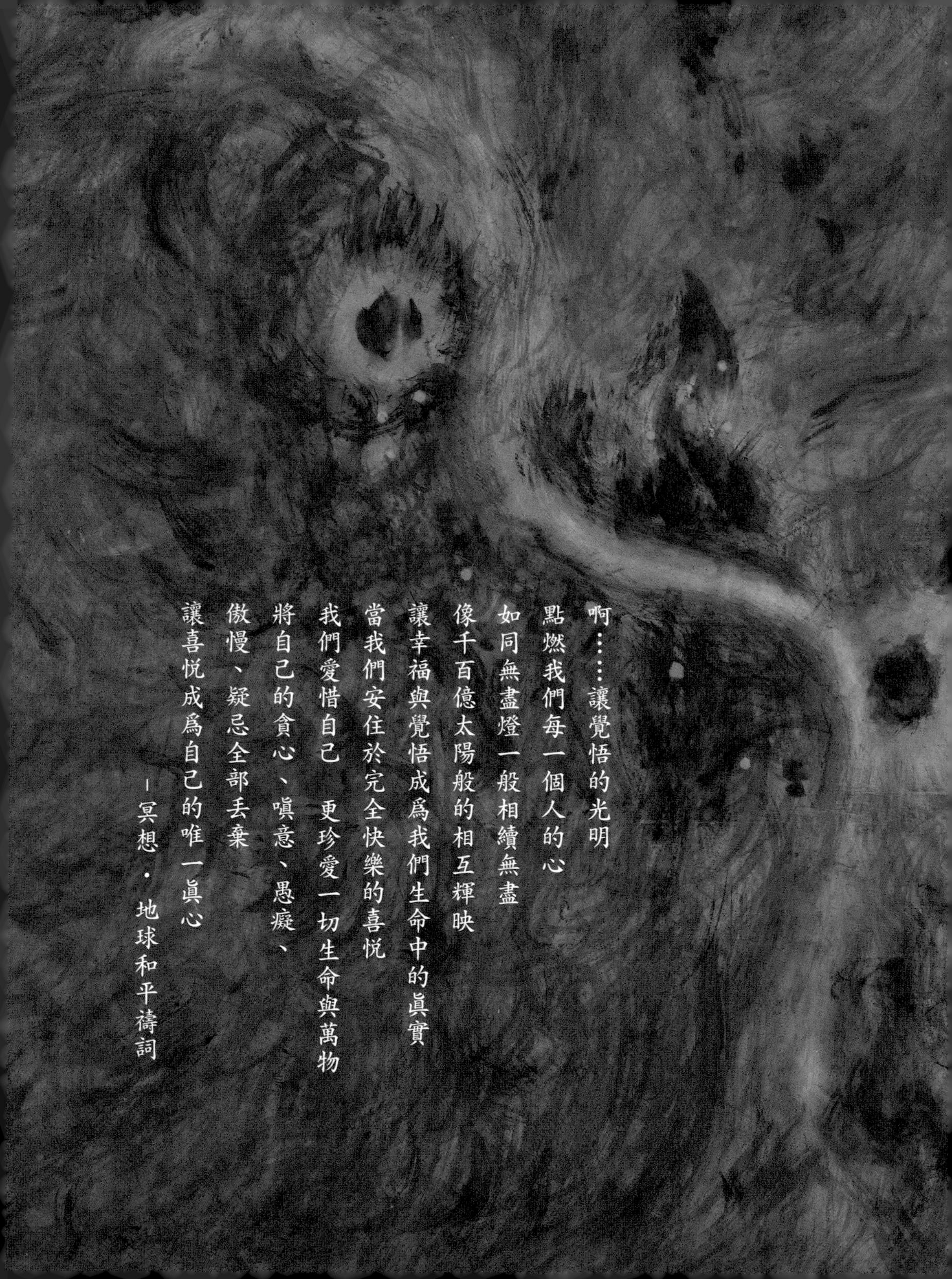

啊……讓覺悟的光明
點燃我們每一個人的心
如同無盡燈一般相續無盡
像千百億太陽般的相互輝映
讓幸福與覺悟成爲我們生命中的眞實
當我們安住於完全快樂的喜悅
我們愛惜自己　更珍愛一切生命與萬物
將自己的貪心、嗔意、愚癡、
傲慢、疑忌全部丟棄
讓喜悅成爲自己的唯一眞心

—冥想・地球和平禱詞

第二章　深態心識學

如人不能泅，不當入深水。
欲報仇者，不當豫嬈。
親厚中諍，後更相謝。
雖知和解，善不如本無諍也。
—佛說孛經抄　卷一

我今欲為未生怨，栗姑毘子情生恨；
若在廣嚴留舍利，王城人眾復傷悲。
宜可半身與王舍，半身留為廣嚴城；
兩處和解不相爭，各得隨情申供養。
—根本說一切有部毘奈耶雜事　卷四十

深態的生命特性

榮格提出集體潛意識的概念，受到了佛教的影響。然而，佛教的如來藏識是清明覺察的意識，而不是潛意識。此外，如來藏識不是集體意識，而是非一非異的。以下幾個譬喻，可以讓大家更深刻體會「心」和「意識」。

我們可以用「冰山喻」、「波浪喻」及「火山喻」來觀察自己的心識狀態。

大地喻—億萬年層疊的心意識

我們無始以來的生命，就像大地是一層一層的，最上層是我們現在的活動。因爲時間的塵土是一層層往上疊，所以考古學所做的就是一層層的往下挖。一層一層的往下，越來越深，越深的歷史越久，如果是幾千年的考古就要往下挖得很深，而更深的部分已經超越人的歷史存在之外。如此說來，塵土的年代是不是也是一層一層的日積月累？這是一個基本的型態。我們的心識不也就是如此嗎？這就是「大地喻」。這裡面很規律的顯出「心」、「意識」的狀態，你的「意識」就是一層一層的往下覆蓋。我們現在的活動在最上層，我們以爲只有現在的心意識在運作，其實裡層有多少東西在影響、操控我們？

冰山喻──覺知的意識只是冰山一角

我們的意識就像冰山浮在水面上的部分。弗洛伊德的「冰山喻」，解說了意識的表層，討論到意識、潛意識、原我跟超我等等。這是在心理學上對心意識的分析，包含了人的行為、面對方式、感受、觀點、期待、渴望以及自我等等的解析。佛法則是用五蘊（色、受、想、行、識）、六根（眼、耳、鼻、舌、身、意），以及九識（前五識及第六、七、八、九識），來縱括總攝我們身心的狀態。

冰山浮出水面的部份，好比是眼、耳、鼻、舌、身前五識，下一層這是第六識，再下來這個是第七識；第七識是很頑強、是最主要力量，它控制第八識，第九識是如來藏識。第九意識沒有範圍限制，就如同《華嚴經》所說，如來智慧無處不至，無一眾生不具如來智慧。這代表大家每一個人都具足如來智慧。但是因為你妄想顛倒執著而煩惱輪迴，所以說我們每個人都如同大日如來一樣，但是因為我們執著自己是冰山了，忘記了本覺。當年我在美國接受世界日報專訪時，記者問我：「禪是什麼？」我說：「禪就是把我們無明潛意識，轉化成清明智慧的方法。」當我們經過修行證悟時，才發覺到始覺同本覺。

我們再回來看看冰山的狀態，因為我們現在覺知的狀態，就像是冰山上面的部份，而八識在底下。但是當無明到上面的時候，你已經轉不過去了，所以當你知道覺知的時候，輪迴已經完成了，就好像你上錯車、搭錯太空船了，當你知道時已經太晚了，太空船已經飛走了。所以說我們修行是要修什麼？就是我們的潛意識，必須往心識深處去覺察；當我們的心識越來越早明覺，你的覺察的時空點越來越準，這時候，你的無明潛意識就會越來越少；所以佛陀是沒有潛意識的人；我們到達這個狀態的時候，就可以抉擇生死，像證入解脫的阿羅漢或菩薩，可以轉世自在，或是入涅槃。

火山喻—深層意識的爆發翻轉

另外一個是「火山喻」。火山爆發是突變性的、突發性的改變我們心識的層次結構，所以有些突發性的狀況，像火山爆發之後造成的地貌改變，以及所產生的板塊運動，都會讓地層產生變化，讓很多年代所累積的地層產生了交錯，這樣就符合我們人生、生命的意識運作方式。稍後我會說明人類意識運作，以及整個宇宙運作的狀態。那些突發性的狀態，這樣衝上來了，深層的地層會翻轉變成地表面，所以說因緣到了，很多的深層意識被爆發出來，很深的累積會被強烈地爆發出來，人的個性就會改變。人很簡單，也很複雜，你到底有幾個你自己？火山爆發，岩漿噴上來了，你不只改變了自己，連整個地、水、火、風、空都改變了，整個空氣轉變了。在這裡面，展示了很多突變的痕跡。

海水喻—浪浪生波益紛亂

各個水層有各種不同樣態，各層的水因爲波浪的翻攪，也開始被影響。這就像我們的人生，波浪有生有滅，波是靠能量把它推起來的，這是看不到的能量，水下深層的能量把波推上來，能量一消失波又下去了。我們的心念就像推動的那個波的能量，而我們的人生就像波浪。波起叫做生，生者是生之生，死者是生之死；反過來說，死者是死之生，生者卻是死之死。所以生死只是從這樣的狀態變成那樣的狀態而已，地、水、火、風、空、識六大的成住壞空也都是如此。

看著這世界的生滅起落，念波流動裡面有著太多的妄念，太多奇怪的東西，這些東西潛伏在我們的人身之中。人的形成是好難的，人所以成爲人，是經過多長久的潮汐波浪翻攪？人的本性可能很殘暴，但是會爲了生存與種族繁衍而制約自己，成爲一種彼此合作的群居動物，而不是像巨大的恐龍，因爲個體需要大量食物，在氣候驟變下，而終至大滅絕。

亙古蠻荒的遺痕

二十年前，我曾計劃要寫一篇整個地球的生命史，來辨證整個人世間結構的建成，從法律世間的建成，到道德世間的建成，到覺悟世間的建成，這一層一層的上去。我心裡面很尊重——生命之所以爲生命；人之所以爲人的可貴之處；人的缺陷何在；

人如何形成能夠約制自己的人？雄性動物看到雌性動物會當場撲上去，牠會本能的想要格殺其他的雄性動物。人類經過漫長的演化，才建構了文明的發展。

我們從人類大腦可以看到遠古的痕跡——神經科學家保羅·麥克蘭（Paul MacLean）描述人類的腦部其實是三位一體的腦，由三個重要的腦組合連結在一起，共同合作而形成。

1爬蟲類腦：位於大腦中最深處的部分，主要負責人的維生功能，如呼吸、心跳、戰逃反應、生存本能，而這部分的腦是最古老的腦，在演化上，從古至今沒有太大的改變。因此有時也被形容爲爬蟲類腦（reptilian brain）。

2哺乳類腦：稱爲緣腦（limbic brain），包括杏仁核、海馬迴、下視丘等，爲處理情緒、記憶的中樞，因此也被稱爲情緒腦。由於位在腦幹邊緣，有時也被稱爲邊緣系統（limbic system）

3人類腦：這個部分的腦稱爲皮質（cortex），是人類最後演化出來的部分，它像樹皮一樣層層疊疊包覆在大腦外面。皮質層負責高等的腦部功能，例如計畫、思考、語言功能都在這裡發生。

我們看看自己的身體，我們的身體裡面有沒有鱷魚？我們的身體裡面有沒有植物？我們的原始腦跟鱷魚差多少？差不了多少，基本的反應內容都一樣的。

以前有一部電影《露西》，盧貝松導演的，劇情說人類的腦其實還沒有發展到百分之百，當人類腦發展到百分之百的時候，他們認爲這就好像就是徹底地開悟、徹底跟宇宙統一，而且可以掌握到宇宙的一些力量。如果是這樣的話，大象的腦、海豚的腦也可以達到的。

《星際爭霸戰》（Stair Track）影集裡，曾有一個故事：有一個比人類更厲害、更聰明的超級文明來到地球，這超級文明一直發出訊號企圖溝通，地球人一直不知道是什麼訊息，後來才弄清楚是座頭鯨的信號。這個「座頭鯨文明」太超越了，當他們發覺地球上的座頭鯨已經被捕殺絕種了，非常憤怒，準備把地球整個摧毀。於是「企業號」太空船就飛回二十一世紀的地球，帶了兩頭座頭鯨回到未來世紀，把他放入大海，超級文明測到了座頭鯨的聲音訊息，這才放過地球。

另外一個故事，則是描寫一座超級先進的太空船，來到地球不斷發出訊號，地球人不了解它所要傳達的內容，於是它把整個地球的防衛系統都癱瘓了，堅持地球人得回答這個訊息。後來不斷研究，才知道它發出的訊息是古老的摩斯密碼。原來這座太空船，是地球派出去古老的「航海家」太空船，在太空中失蹤了。沒想到這太空船飄移到宇宙的邊緣，碰到一個超先進的機械文明，這機械文明很照顧這個小老弟，就把它改造成超先進的太空船。

這其中是有深意的。大家看看：這個超先進太空船底下是什麼？是最原始的一九六〇年代的原始電腦。它只能發出摩斯密碼，要求跟它的創造者結合，否則地球就會被摧毀。後來只有重新用摩斯密碼跟它對話，讓一個人自我犧牲跟這個既原始又先進的太空船結合在一起，形成一種新的生命體。

像《露西》這類西方電影，對大腦的看法很唯物，但事實並非如此，因爲大腦即使發展到百分之百也不會開悟，會很厲害但是不會開悟。因爲覺悟與否的問題，不在於大腦開發多少，而在於大腦是怎麼形成的？大腦的基本想法是什麼？

因爲大腦是在生滅的概念裡面形成的，是屬於2的X次方，所以發展到最後還是2的X次方，X趨向於無限大就是100%，能力超高。

人要改變遠古的生物本能，人之所以爲人，是多麼漫長艱難的歷程！生命是這麼點點滴滴演化出來的。然而，在網路世界開始時，人類的原始本能開始萍動了，在網路上的行爲，就像頭上套著頭套的匿名者，沒有人知道彼此眞實的身份，所以大家可以任意做出各種放肆的行爲，這是我在二十年前所觀察到的一個現象；現在猶有過之，連頭套都可以不必戴了。

自我的自由，是來自對他人自由的尊重，所形成的極大化運動，但是當每個人只強調自我自由的最大化，就會產生新的震盪。這是生命「升」與「沉」的關鍵。這個時代把人類心中最後的道德界限跟最原始的狀態解放出來了。這樣的念波在裡面浮沉飄盪，而且在這樣的狀態中，解放了很多人類原始本能的念波，透過手機、透過網路，產生了相互的撞擊。可以說是：「以波止波添新浪，浪浪生波益紛亂，心隨境轉災厄生，境隨心寂超衆難。」只有外境隨著心寂靜下來，才能超越衆難。

緣起與輪迴的特性

週期性─六大周遍

緣起跟輪迴的第一個特質是「週期性」，這種特質的第一個是「六大周遍」，在密宗裡面提出了心、物跟宇宙的完整觀點，而提出了「六大緣起」，也就是「六大周遍」。

在週期性中又可分為大週期、中週期及小週期。

大週期─成住壞空：大週期就是佛教裡面的大劫，中劫跟小劫，不斷在時劫當中運作。道家從無極到太極，陰陽相生，四象八卦，所謂先天后天這些卦象，它可以運轉出整個的大週期，這也是「週期性」。在這裡面，佛教所說的「生、住、異、滅」、「成、住、壞、空」，就是這樣的週期性。

中週期─天體運行：就像我們現在看天體的運轉，或是五行八卦的運作，這裡面也可以看到「週期性」，這就是整個世間變化，整個國運變化，跟人生變化的狀態。因為它有一定的軌道，所以我們可以推測，可以趨吉避凶，雖然很不容易。

爲什麼趨吉避凶很難？因爲人有慣性，有外在的慣性與內在的慣性。你在運勢不好的時候，怎麼樣的選擇都是下下策，你的心境就會讓你選擇下下策。所以，我們在好事來的時候要停、聽、看，壞事來的時候更要停、聽、看！這要怎麼訓練呢？需要禪定、止觀的訓練。因爲沒有「止」心念無法停下來！沒有「觀」就無法聽與看。所以止觀就是生命中決策的一種最好工具。

小週期─人生遷化：地球種種的演進變化，天候的遷變、時節的運轉，這裡面我們看到「共業」與「別業」。大緣起條件決定了小緣起的條件，所以大的共業決定小的共業，小的共業會限制個人的人生。

在共業與別業之中，又有「界」的區別，所有的動物，例如，牛跟人是不同界，牛的條件跟隨著牛的運作，人的條件跟隨著人的運作。所以，生命推動的時候，因爲「界」的不同，在不同的生命裡面，會運作、顯現出不同的業果。

但是在現代，在時節因緣的變化當中，有些變化產生了，譬如說現代醫學裡，有些動物的器官可以爲人所用；或是各種基因轉殖，產生基改作物、基改動物與基改食物。這裡面就是「心」的介入，「心」的產生跟「心」的介入。這個我稱之爲「人爲突變」。

如果是自然突變，要經過長期的演化才能產生有利的突變。現在因爲人爲的大量介入，所以禍福難定。像 SARS 是由飛沫傳染，登革熱是由蚊子傳染，而那茲卡病毒就進展成由蚊子跟飛沫共同傳染。我觀察SARS風暴的產生，是因爲人類踩踏了紅線。自然都有他們的防禦線，我們踏到那條線，病毒會驚恐而反撲，這就很自然的。

現在的緣起變化很複雜，很多人認爲依據過去的經驗，可以控制某一種狀況，但是也因爲他們的控制而加入了變數，他們的控制造成了狀況的突變。像人界跟牛界，他們所產生的突變會產生相近、相遠、相連、相通、相緣等複雜的狀態。像器官的互用與基因轉殖，如果人類永遠用過去的經驗來認知，認爲可以掌控一切，卻沒有想到那樣掌控的本身就是複雜性的開始。這是實然的狀態，我們要能洞悉這樣的狀態，才不會對後續的變化措手不及。

在這樣的法則中，大緣起條件決定小緣起條件，它必然有限制。所以宇宙中的動力狀態、物理特性跟化學特性，會限制星系的發展與時空的運作，是法界的自然。法界就是緣起，所以緣起就決定了我們這宇宙的運作狀況。但是緣起也可以決定另外一個宇宙狀態，史蒂芬•霍金也認爲宇宙有無限多個，甚至還有平行宇宙。但是緣起是空的，所以它不能決定如何，而是可以含容所有的決定，可以含容所有的因緣。我們現在的時空特性，不一定是其他宇宙時空特性。我們在這樣的特性裡，就必須落在這個層次裡面去運作，而這種存在會限制我們的移動性及運動性；所以說我們的存在感越大，自由度就越小。

在輪迴跟緣起的狀況當中，有時會產生「誘發性」。譬如說你喜歡這個，就會影響別人喜歡這個，最簡單的就是如果你在路上一直看著天空，一下子旁邊的人都停下來了，跟著你看天空，雖然他們不知道為什麼要看。這叫做「風行草偃」。所以君子謹言慎行，甚至及於他的表徵以及他的意象。因為意像雖然屬於個人，但是影響可能是整體。

儒家說「己所不欲勿施於人」，而不是「己所欲施於人」。「己所不欲勿施於人」，是讓每一個人都有更大的自由度、更大的圓滿度；而「己所欲施於人」是主導，個人的自由度會因而喪失。一般人會以道德來理解，這邊我更進一步幫助大家以空性來理解。因為空絕對是道德的，體悟空者，絕對不會用它的道德去欺壓別人。

道德只是相對價值，所以有時會變成欺壓別人的工具，就像捷運或公車上的博愛座。博愛座本來是好事情，結果卻變成質疑別人不博愛了。所以我們必須觀心，反求諸己，觀察自己的心是不是有任何忐忑不安之處，心修得越圓滿，對待眾生就越圓滿。

在西方有所謂的「破窗理論」。一個地方的破窗沒有修，第二個、第三個破窗就出來了。所以禪宗神秀大師的偈說：「身是菩提樹，心如明鏡臺，時時勤拂拭，勿使惹塵埃。」而六祖的境界更高：「菩提本無樹，明鏡亦非臺；本來無一物，何處惹塵埃」，於是我就把那兩偈合在一起，成了：「身是菩提樹，心如明鏡臺，本來無一物，何處惹塵埃？」

這宇宙的變化中，有些是線性的結構，有些是非線性的結構；而非線性結構的跳躍狀況中，也有些是常續的。譬如說拿刀子割一下皮膚就流血，流血與不流血是跳躍性的突發；但是若把毒品塗在皮膚上，短時間沒有感覺，長時間就產生問題了。這裡面有很多狀況，因果關係中有連續性也有跳躍性，我認爲這兩者都有可能，因爲緣起就是在混沌跟複雜中相遇。

我引《長阿含經》中的《小原經》，還是同樣的議題。這不是大腦的開發，不是精準的數學程式，不是上帝粒子，也不是量子力學。這些科學理論，量子力學只是輔助理解實相的工具，並非懂得這些就能體悟法界實相而開悟了。

而佛陀是如何開悟的呢？自佛陀的自述，我們了解：佛陀在菩提樹下，看到曉星出現而開悟。但有些人執於外相，於是又開始研究：這曉星是什麼星呢？難道以後大家看到這顆星就開悟了嗎？不會的。所以我們不要等星星，星星只是一種因緣、一個隱喻而已。可能是那時候他剛好打開眼睛看到星星。很多禪師看到不一樣的事物而開悟，有禪師看到兩隻螞蟻打架就開悟了。如果你去看螞蟻打架，一定會開悟嗎？不會的。除非當時你的內在正在那關頭，恰巧被外在的因緣觸動而已，就像氣球漲滿的時候，一碰到尖的東西就把它刺破了。

我們的心應如何看待這世界？這世界就是一部經典，參透它才能夠幫助眾生。像隕石、火山爆發、板塊互撞、星球爆炸、引力轉變，這種種事都是整個廣大世間的誘發性狀態。但是我講的誘發性裡面，有些是屬於突發性的事件，這突發性是累積後的誘發，那這又表示什麼呢？這表示人間的業因業緣累積到某些程度，成熟就爆發了。

生命的熵化與能階下墮

《楞嚴經》中說得很清楚：「無同異中熾然成異，異彼所異，因異立同，同異發明，因此復立無同無異。」所以這樣熾然成異，又立無同無異；接下來地、水、火、風、空出生了，四大出生了，所以相待成勞，勞久發塵，也就是心念不斷地粗化，從小粒子變成大粒子，微細的心念變成粗重的心念，那粗的心念就結合成粒子，粗的基本粒子再成爲物質，能量就是這樣子墮下來了，這就是「能階下墮」的現象。我稱之爲「心、時間、空間複合體」；空間是時間的一個象度，時間、空間是心的一個象度，物質是在這種象度裡面的存在，這個象度就是緣起，也就是我們的共業所存在。

我們的不自由，來自我們本身一直抓著我們最後的存在點，我們一直抓著現在的存在點，就回不了前面的狀態了，就像我們抓著終端電腦，我們就被它控制住了，不能用雲端了；其實我們每一個人都是雲端，但是卻執著不肯放手。用現代科學的語辭就是「熵化」、「能趨疲」，能量的降階。我們擅長耗用能量，把位能浪費了。

我曾寫過一段短文〈勢力說〉：「懸巨石於九天之上，或東或西或南或北，人莫之能測，而衆皆降伏。」很多人都以為是古人寫的。〈勢力說〉裡面的道理很完整，什麼叫做勢？懸巨石於九天之上，或東或西或南或北，沒有一個人知道方向，每一個人戒慎仰望。大戰略者用勢不用力，儲備了能量但不去用它，所以不用力。這石頭空來空去，就是這樣子，在上面或東或西或南或北，人莫之能測，所以要不斷的提升自己，不要去耗費在「妄立」，消耗自己的能量。生命的戰略是站在開悟的點上，生命的戰術就在尋找這個秘密。這是一個生命的戰略家的核心要義。

從覺悟點（POA）、覺聯網（IOA），到覺性雲端（COA）

一九九七年，比爾蓋茲宣佈「數位神經網路」的誕生。然而這個理論，最後在實務上的操作並且取得解說權的卻是賈伯斯。神經網路系統是什麼？意指所有的外在的運作系統，都是我們內在神經系統向外投射，也就是客觀世界的運作複製了我們主觀的內在神經系統，哪一個系統更適應就流行了。當時我寫了《覺性在神經網路系統的位置》來回應比爾蓋茲，我從 POA 到 IOA，到 COA；也就是說從覺悟點到覺聯網（或悟聯網），到覺性雲端。

在《華嚴經》中說，我們的心含容整個世界，甚至整個法界。當我們起了妄念，這妄念要破除嗎？然而它是空，怎麼能破？我們必須在不對立的立場，以超越的方式來處裡這個問題，這是提升至最高的格局。當問題產生時，問題當然存在，但是當你眞的把它當做問題處理的時候，問題就沒辦法處理了。只有一種處理方式，就是超越它，提出更高的規格。所以在提出更高規格的時候，原來的問題就不是問題了，因爲它的層級在下層，往上提高層級時，所看到的已經不是下層的問題。所以「念波」，或是「波的念頭」，就要用更深的淨化來處理，這就是我所提出的從覺悟點到覺聯網，到覺性雲端的新觀念。

註：覺悟點（POA, Point of awakening）
覺聯網（IOA, Internet of awakening）
覺性雲端（COA, Cloud of awakening）

65　和解 Reconciliation

完全放鬆

將體內所有不悅的氣息吐盡

用最舒適的心意

安詳放鬆地坐著

讓暢快的呼吸愉悅著全身

心中沒有一絲一毫的壓力

從虛空吸進彩虹般的氣息

澄淨的心靈自然生起甜美的悅樂

自我、他人、地球、一切的宇宙萬物自然和諧

從心到身都散發出快樂的光明

—冥想・地球和平禱詞

第三章　混沌理論與生命的流轉

是諸菩薩行深般若波羅蜜多，自行與他皆悉同等。是諸菩薩受生端正，常能修習寂靜威儀、不偽威儀、清淨威儀，眾所樂見內外溫善，觀者無厭能悅人意，一切有情咸所愛重，其有見者皆發善心，瞋忿者見心則和解。此諸菩薩如是端正堪為依止，等護有情令煩惱滅，能引有情出離生死，無邊曠野能度有情，世間險難無眷屬者為作親友，煩惱病者為作良醫，無救護者為作救護，無歸依者為作歸依，無明有情為作法炬。

—大般若波羅蜜多經　卷五百六十九

無明的系譜

混沌理論有兩個根本要件，能深刻的表達生命運動狀態：第一是對初始條件的深刻依賴；第二是不斷的自我複製。

對初始條件的深刻依賴，就是因果法則。例如我們在氣象觀測時，因爲對初始條件有一些不足或不精確的狀況，所測得的數據也就大大不精確。所以在運作的過程中因爲初始條件的些微差異，結果卻是千差萬別，因爲對初始條件「因」的深刻依賴，產生的「果」就會不同。除了客觀的表象之外，背後還有你主觀心意識的認知與運作，在同樣的狀況之下，不同的心態投入，結果必然不同。

從一般的人生命中來看；我們不斷地生殖，使整個種族不斷地延續、擴張，希望掌握權力，爲所欲爲。這兩者都是我執加上因緣所形成，混沌理論所提出來的兩點觀察，還是建立在無明的系譜裡。

從個人來看，我們身上的每一個細胞都是不斷自我複製而來。舉人類的腦細胞爲例，它基本上是具有植物特性之細胞和具動物特性之細胞的組合，這是三十五億年來，生命細胞相互攝入的遺跡。

從歷史上來看，古代發生許多戰爭，勝利的一方往往將戰敗地的男人完全殺盡，佔有他們的女人。戰勝者以爲如何便可以佔領戰敗國，實際上卻是被反佔領了，因爲彼此的基因相互融合了。

不斷的自我複製，也就是所謂的「我執」，生命永遠在做「我的釋放」。

在這種狀態下，「我」在發展時，跟整個宇宙發展撞在一起，會產生什麼現象呢？宇宙存在有它自己運作條件，與「我」碰撞時會發生非常複雜的狀態，這種複雜狀態是什麼？就是所謂的「綁標」！這綁標是什麼？就是所謂的「生存線」。它在受很多條件限制之後，形成了一條受限的生存線，生命就只能在其中運動，因而產生生命的複雜狀態。

生命的複雜狀態就是這些條件，只能有條件的存在，形成它存在於這個娑婆世界的生存線，或說這就是宇宙中所有的條件所構成或所限制的生存狀況。這因與果有時候以線形的狀況來展示，有時候則是非線形的跳躍性狀況。所以宇宙的存有狀況，雖然會展現特殊複雜性，但是因果是一定的。

從生命本初的裂痕，從2的X次方開始無限擴大，我們的心永遠在選擇對立，永遠是分別在先，再來就是無量的分別，生命不斷的被綁標。所以在這種狀況裡面「存在線」就產生了，這存在線是在大因緣裡面所建構出來的，這就是複雜了，這就是生存線，就是存在性。

輪迴與解脫

佛陀從生命時間相續的觀念當中，建立了「三世」，也就是過去世、現在世、未來世。並且將生命在時間上的相續，建構成十二因緣的法義。十二因緣是討論一個生命體在空間當中，經由時間的運作所產生的相續變化現象。

這十二因緣分別爲：「無明緣行，行緣識，識緣明色，明色緣六入，六入緣觸，觸緣愛，愛緣取，取緣有，有緣生，生緣老死」。

從無明開始，時間是不確定的，而當有我執產生的時候，就是無明的開始，所以叫無始無明。對生命而言，這一念的產生，就是時間的開始，所以是無始。無始是時間的不確定，而且這個不確定本身是沒有意義的，是如幻的。宛如作夢一樣，宛如眼睛幻覺，由幻覺看到的景象一樣，就像我們看到的第二個月亮，或是看到的烏龜的毛、兔的角一樣。所以說生命體是如幻的，時間是無意義的。

但對生命體而言，無明的產生就是這意識的覺察，覺察到自身的存在，而這自身的存在根本不眞實。以爲自身的存在開始的時候，這無明就開始了，這就是無始無明的開始。

如前曾簡述悉達多太子觀察生命流轉煩惱的因緣——從無始無明以後，產生了我執，我執以自我爲中心，而從與宇宙中沒有分別的現象中，產生摩擦，產生對立，產生生命的求生意志，這個求生意志的運作就是所謂的「行」。而這個求生意志的運作，以圍繞著根本的無明爲中心，不斷形成生命的記憶，這種記憶本身是沒有實質的，是純粹意識的，這種生命記憶的不斷累積，就是所謂的「意識」。這個意識體尙未落入空間相之中，只是時間存續的根本相。

所謂的「時間」對每個生命主體而言，都是存在在意識裡，沒有所謂的客觀時間，只有一個由純粹的意識的覺受而產生的時間。而這意識的不斷累積，都以根本我執爲中心，而造成生命的意識。生命的意識就是整個生命的記憶。

這個意識投入了母胎，與受精卵結合在一起，產生了「名色」。「名」是精神，就是意識。「色」是物質體，「名色」是物質與精神的混合體，也就是受精卵。這意識進入受精卵，整個生命不斷地運作，建立了空間相，而產生了「六入」。

六入是指六種感覺器官：眼、耳、鼻、舌、身、意，而這六入接觸外境，產生觸覺，觸覺會產生感受的力量，感受的力量產生執著，執著產生「愛」，愛又產生執取，由執取而有了存有的現象，而這存有的現象又推動著生與老死。

從生命運動的十二因緣中，我們可以觀察到，在本初之際，我們已經跟自己分裂衝突，才生出了「我」，這是本初的裂痕；「無明」就是分別心，開始生出生存意志，就是「行」，因爲行的力量，產生絕對自我保護的力量，但是要保護誰呢？因爲沒有一個眞實的內容來保護；所以一定要抓一個對象來保護；因此就抓一個「我」，所以「我」是抓來的，不是本來的；《楞嚴經》所說：「因明立所」，清楚的表達了這個現象：我們是先找到外在宇宙，而不是先找到我們自己！

十二因緣建立在整個時間相續的過程，探討整個生命、整個宇宙交互相存的關係。佛陀宣說十二因緣，讓我們了解生命的無明染污因緣，也告訴我們：透過十二因緣的還淨，能清淨生命的無明煩惱。

生命的運動和宇宙的形成

在《楞嚴經》中，詳細解說了宇宙的形成及生命運動的過程核心——佛陀為富樓那開示性覺必明，妄為明覺，而發生宇宙萬象的道理：

「若無所明，則無明覺；有所非覺，無所非明。無明又非覺湛明性，性覺必明，妄為明覺，覺非所明，因明立所，所既妄立，生汝妄能。無同異中熾然成異，異彼所異，因異立同，同異發明，因此復立無同無異。如是擾亂，相待生勞，勞久發塵，自相渾濁，由是引起塵勞煩惱。起為世界，靜成虛空，虛空為同，世界為異，彼無同異眞有為法。覺明空昧，相待成搖」~《楞嚴經》卷四

佛陀說：「若無所明，則無明覺；有所非覺，無所非明。」「無所明」，「所」是所明的對象，是客體；「無所明」就沒有明覺。而「有所明」，「有所」就非覺，而是有一個所覺的對象，就不是這大覺的實體。無這個「所」就沒有所謂「明的對象」。

「無明又非覺湛明性」，而無明也不是這覺湛眞實的光明體性。經文接下來是講宇宙發生的實相：「性覺必明，妄為明覺」這個體性大覺，本來必定是明的，宛如燈與光兩者等持；如燈、光同時。性覺中必明，但眾生「妄為明覺」，有「一個明覺」——明的作用。其實，覺中必明，但是「妄為明覺」，妄為有主體、客體的明覺作用。

「覺非所明，因明立所」，體性大覺並非其所明的對象，但是衆生「妄爲明覺」，有一個要「明」這個「覺」之心。「明」是一個作用，本來虛空無相當中，全然大覺的當中，本身就是明的，沒有分別的。但衆生妄爲有明有覺，要以「明」照「覺」，他要照這個大覺，實際上他所照之「覺」，並非「本覺妙明」之「覺」。所以「因明立所」——覺照力量開始建立了一個客觀的、所照的對象。

從客觀的宇宙建立自我的存有

整個體性、法界裡面，我們的體、相之體性的建立，是很有趣的，其本身其實都是覺照的作用，從這覺照的作用裡面，產生覺照的力量結，果妄要以自己這個大覺爲主體的時候，在這邊產生了擬照作用；也就是說，因爲這覺照力量是存在的，所以它這裡面成差別相，要反照自身的時候，他先建立了客觀的世界存在，所以說「因明立所」。覺照本身就有覺照力量，但是在這裡我們卻從大覺裡產生明照的力量，再產生了覺照的對象——所照的對象。

本來「性覺必明」的境界裡面，沒有「因明立所」這些問題，但是現在「所既妄立」，妄立了對象——客觀的世間、客觀的對象一存在，又開始創造一個虛妄的主體。這裡說明了無明現起之時，是先妄立客觀的外界，從客觀的外界又反過來建立主觀的自我，而從自我與客觀的世界裡面，產生混淆；這就是「所既妄立，生汝妄能」。所以，「所」（所照的對象）是在「能」（能照的主體）之前建立的。我們藉由客觀外界的次序製造了自我，在「無同異中熾然成異」；本來是法界體性，平等無差別中，熾然現前而成相異對象。

「性覺必明」，這是本覺；不要向外尋求，而是找你自家的，回向本心，性覺必明。生命不斷輪迴、種種煩惱，是因爲找錯對象：「妄爲明覺」，也就是無明的啓動，因爲它是虛妄的。以妄用明要去看覺，就產生了不存在的存在，不存在的分別，自己去妄想出來的第一個無明，啓動了十二因緣的流轉輪迴。

生命的自我保護程式

下面這句話是重點所在：「覺非所明」，因爲覺不是有，不是存在的一個東西，不是你去觀察的對象。這裡面開出了《大乘起信論》的一心開二門：眞如門與生滅門。「性覺必明」是眞如的、成佛的，「妄爲明覺」是輪迴之門；但二者同樣是心的作用。

「覺非所明」，覺不是一個對象，但是我們卻「妄爲明覺」，以妄生妄，「因明立所」；也就是你用無明去抓一個對象（立所）；所以這中間的過程就成爲十二因緣中的「無明緣行」，這行就是執，就是自我保護程式，俱生而來的。也就是說，無明必然伴隨著生命自我保護的執著；所以「因明立所，所既妄立，生汝妄能」；所既是虛妄所立，代表這是幻相，但卻能出生生命的妄能。

這個「所」是指對象、外相，這「能」、「所」，是你、是我啊！這就是十二因緣中的意識：無明緣行，行緣識；即使將十二因緣倒背如流，還是要看清楚這十二因緣在我們身上是怎麼運作的，如此才能解脫！所即妄立，就出生你的能，這時意識就出來了，「我」就在這時候出來了，所以說不是「我執」，是「執我」才有「我執」，是「執」在先，「我」在後，無明在先，而後有執，執而後有我，有識；所以說生汝妄能，無同異中熾然成異，異彼所異，因異立同，同異發明，因此復立無同無異。無同異中，熾然成異；接著就是異彼所異，因異立同，因此互立無同無異，心念紛亂流轉，這叫做2的X次方的心，出生無量變化。

生命輪迴的基本要素是由無明與三毒而來，簡單的說就是貪、瞋、癡的抉擇；十二因緣中的「愛」，包括了貪、瞋、癡，是讓我們生生世世輪迴的原因。

「愛」包括你很喜愛的、你很討厭的，以及你沒有感覺的，這三種現象，都是強烈的執著。沒有感覺代表根本對這個不關心、無感；所以這三個就是你不覺的現象，就是愛。當我們離開這個「愛」就解脫了，這個愛也是讓我們生生世世這樣糾纏的因緣。

輪迴從什麼時候開始？

就佛法而言，時間與空間只是我們心的幻相，絕對不是眞實的，它是心的虛妄覺知作用所成。這個虛妄覺知的作用，從心開始，來自無明，由無明展開時間、空間，整個生命的旅程。

無明從什麼時候開始的呢？

無明從無始開始，無始無明，沒有開始的無明，在無明之前，絕對沒有時間、沒有空間。無明發起之後，時間開始了，時間開啓後，空間展開了，意識相續流轉，在意識中建立了空間相，這就是《楞嚴經》中所言：「靜成虛空」，我們的心意識中，擴建成一個寂靜的虛空相。

一切物質自我佔據一種虛幻的空間相互而相互排斥，這就是我們這個宇宙時間、空間的運作相貌。心、時間、空間相續運作造成的宇宙，佛經中的看法和我們現在所接受的四維時空概念，有沒有相應之處呢？我想這兩者的相應性是很密切的。

我們目前所建立的是一個四維時空相；空間之立體相是三維，加上時間就有四個向度。佛法告訴我們，這樣的宇宙相只是我們這裡的衆生心識之共同作用而已，是一個特殊的宇宙相，而非普遍性的，如果我們企圖以這個特殊相來觀法界實相的話，是無法了知的。

在《楞嚴經》中說得很清楚，從無始無明擴展出心、時間、空間的相續體，時間，空間都是來自心的虛妄覺知作用。但是，對我們而言，這虛妄卻是這麼實在，我們不但能看到東西，還能聽到它在空間中的聲音。

這個世界自身是不是眞的是四度空間？不一定。但是，當這個世界的衆生都以四度空間來思惟，以時間相、空間相來看外在的世間時，也就是重新定義了外在世間，它就依此展現給我們看。事實上，我們的心靈和宇宙萬相是共相之體，心靈的宇宙，宇宙的心靈，相輔相成、相互循環。

心、時間、空間複合體

如果在唯識的說法，萬法唯心造，我們都是在虛妄中，因我執而輪轉。如果能捨棄我執，回復到圓成實性——衆生清淨的自性，才會發現到一切世間萬象都是如此虛妄不實。

如本章「輪迴與解脫」中所述之十二因緣，我們可以更深刻地看到心、時間、空間是如何相續現前。

就生命投生的過程來看，在無色界中，意識是在識無邊處，在此建立純粹的時間相，過去、現在、未來，三念相續，意識含藏所有宇宙的時間。

意識如果落在色界，就變成所謂的色界中陰，婆羅門教稱之爲「性命身」，道家稱爲「陽神」。意識如果落在欲界，就變成欲界中陰，在婆羅門教稱爲「星光身」，道家稱爲「陰神」。

無色界沒有中陰身的存在，因爲無色界純粹是意識、精神存有的型態，而中陰身已經是物質與精神的混合體。

如果以四禪八定配合心、時間、空間來看，我們可以更清楚地看到生命越來越實質化的過程。

從四禪八定的最高禪定境界——非想非非想處定，到空無邊處，是屬無色界，色是質礙義，無色界即是沒有任何物質相。四禪、三禪、二禪、初禪則是色界。

從無始無明開始，我們安住在非想非非想處定中，這是世間禪定的最高階，相對於道家而言，是混沌初開。從非想非非想處定到無所有處——感覺什麼都沒有，只有一個堅決求生意志，這都還是屬於無明到行的範疇。由無明到識，進入到識無邊處，感覺到意識相續不斷、時間相續不斷，有無窮無盡的時間之感。從這無窮無盡的時間感覺中又開啓一個特有的空間性質，這就是《楞嚴經》中的「靜成虛空」。在這裡沒有任何基本粒子存在，亦即絕對沒有色相、物質相。

在佛典中將物質相歸類成三種：

1可見可對色：指眼能見到的種種物質色相。
2不可見有對色：雖有物質性存在，但並非眼根所能見。
3不可見不可對色：經由意識所生，指存於記憶中的物質色法。

如我們眼前可見的物品、可聽聞的聲音，都屬於「可見可對色」。若是像細菌、病毒等，平常肉眼無法看見，但卻存在的物質，則是「不可見可對色」。最重要的是第三種「不可見不可對色」，這是禪定中的一種覺受，也就是我們對空間現象殘存的記憶。在空無邊處，完全沒有三種色，只有空間的性質。

空間是存有的，是特別的一種現象，是有性質、有作用的。空無邊處，時間、空間已然建立，但尚未建立三維空間，一直到色界才建立三維空間。

在四禪時，粗的心念完全停住了，看不到任何宇宙萬象，完全是清清淨淨的，如靜水無波，如大圓鏡般，遍一切處。四禪和空無邊處的不同點在於四禪有淨色。

在四禪時，可以往上繼續修持四空定（空無邊處、識無邊處、無所有處、非想非非想處定）；或轉修大福德的慈、悲、喜、捨四無量心；也可修持青、黃、赤、白、地、水、火、風、空、識等「十種遍一切處」。

修習「一切處觀」時，如果觀遍法界是火，一看，整個宇宙都是火相；觀青遍一切處，整個法界都是青色。這是因為我們的意識中存有不可見不可對色，也就是存有各種色相的印象，當心一開發時，整個宇宙相就開發出來。

在此，心、時間、空間相續，招感出宇宙萬象形成的證明。只是，能修到這個境界的人太少了，另一方面，修持遍一切處的人所見到的宇宙只有自身能見，他人是無法看見，所以無法做一個客觀的科學證明。

從四禪再往下落，空間相開始轉成三維相，從單純的空間性質轉成三維，下到三禪、二禪、初禪，色界之後再到欲界、有男女對立，輪轉。

以上是從禪定的境界看到佛法的時間、空間，從無始無明轉出來的現象。

在生命發展的過程中，虛妄的時間、空間與心識交織運作，形成我們生命中最深刻的執著，也是生命自身所做層層節制、層層綁標，讓我們自我分裂、自他衝突，不斷輪迴流轉的根源。

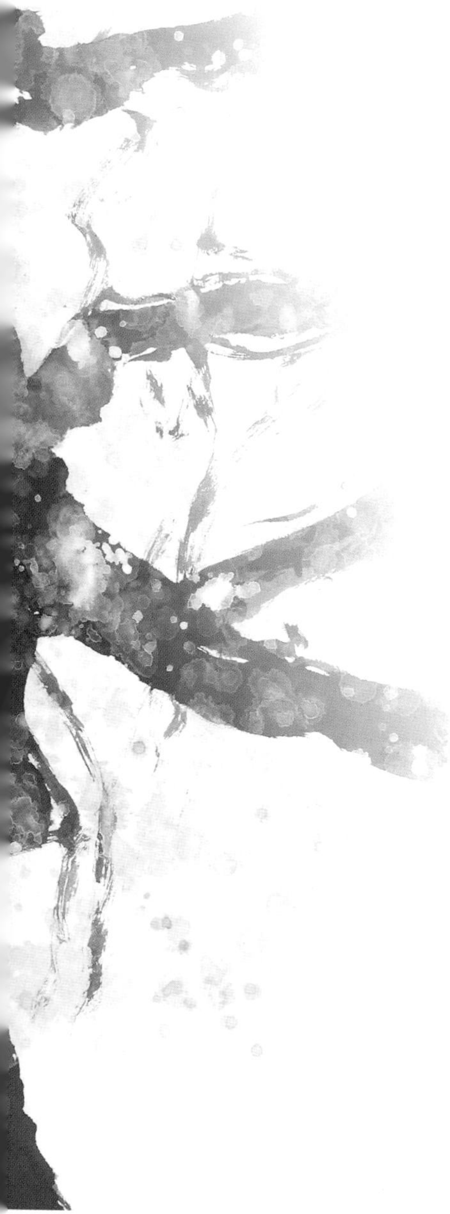

81 和解 Reconciliation

一心……
一心……
放下一切的仇怨煩惱
放下一切的苦痛
啊……完全的和解了
讓我們的幸福力量增長
一心……
觀想所有與我們有怨仇的人
都安住於廣大圓滿的快樂境地
這甚深的和解
是一切喜樂力量的來源

－冥想‧地球和平禱詞

第四章　自怨者──生命本初的裂痕

佛告諸比丘：「時長壽王者，今我身是也；太子長生者，阿難是；貪王者，調達是。調達與我世世有怨，我雖有善意向之，故欲害我。阿難與之，本無惡意，故至相見即有和解之心。菩薩求道勤苦如是，至見賊害無怨恚之心，故自致得佛，為三界尊。」

──長壽王經

見聞如實，非義勿傳；和解諍者，兩說其善；徐言惟正，無宣人私。

──佛開解梵志阿颰經　卷一

怨靈是誰？

有一個修行者在坐禪時，看到一隻像人一樣巨大的蜘蛛出現在面前，非常恐怖。雖然蜘蛛並未攻擊他，片刻後就消失無蹤。如此幾次之後，他向師父報告，決定暗藏一隻小刀，等蜘蛛怪再出現，他就上前擊殺。師父告訴他，先在蜘蛛的肚子上畫上記號，再決定怎麼處理。

次日坐禪時，大蜘蛛又出現了。他依照師父的交代，在其肚子上畫了一個X做上記號。下座之後，他向師父報告此事，師父叫他將衣服掀開，赫然發現自己的肚子上竟有一個X，正是他畫在大蜘蛛身上的記號。

暢銷小說《哈利波特》中，魔法學校預言，唯一可以殺死邪惡之首佛地魔的人是哈利波特，而他正是佛地魔的七個分靈之一。唯有自己可以毀滅自己。

怨靈從何而來？怨靈與自身，是一是異？我們從生命運動的軌跡來觀察眞象。

我們的心意識宛如波浪：一波未平一波又起。波浪相生，浪是沉在水下面的，這同樣的就是六、七、八識，及第九意識。這種意識的特性及強力作用，並不會隨著此生結束而結束，而是推動我們下一生投胎的動力。

一般人投胎以貪、瞋、痴來選擇，更簡化地說，是以「愛」和「恨」來投胎。佛經中有一個嗜酪沙彌的故事，因爲他生前非常喜歡吃乳酪，只要一天沒吃到乳酪就悶悶不樂。後來他往生之後，意識竟投胎成了乳酪中的蟲，永遠有吃不完的乳酪。除了愛之外，投胎的另一種動力是恨，例如你把我毀了，我就投胎做你兒子來敗你的家。

我們看到共業、個業，看到因果，大共業小共業，層層節制交織互成，我們就輪迴在這樣的狀況裡；而大共業決定小共業。業是什麼？業是我們存在的行動性限制，你沒有辦法在其中移轉。業本身有他的連續性，這種連續性有線性連續性跟跳躍的連續性。

業力的另外一個特性，是偶發性、突發性，及誘發性；譬如像火山爆發，火山底層的物質就浮現出來了，像地震，地層變動，下面的就翻上來了。

我們看現在整個地球，可以說就處於一種「誘發性」的狀態，第一個是千年的恩怨的爆發：十字軍東征、基督教與回教的千年冤仇，與現在歐美各國飽受恐攻威脅是否有著密切的關聯，到最後是「你是我」，還是「我是你」？台灣的二二八事件，也是一層一層交織糾纏的業力，現在因緣業力上升了，引發了許多問題。

而二二八之前呢？日本殖民時期、原住民、鄭成功來台時期的衝突問題……更早之前呢？

所以說，現在存在的這個是你自己，但這其中可能也有二二八的你、原住民的你、漢人的你、清代的你……，這是一層一層的，非常深層的結構，就像地層一樣，有時候被誘發出來了，很多問題都交雜在一起了。所以說：「八識田中恨相生，恨結難解怨自身，百千萬劫自相恨，恨來恨去恨自身。」

每一個人都義正辭嚴地向對方說：「你對不起我！」，事情的正義是要伸張的，但並不是我醜化你就是正義，我們要善觀這裡面深層的結構，事情要解決，但是內心要沒有敵者！

上面所提到的歷史事件，很重要的一點，是要讓大家了解，你這很多怨靈到底是誰？你身上很多的病是怎麼生成的？那個是你，還是不是你？所以說，我現在是誰，這是表象啊！我們看看：仇人之間使用的手段一樣嗎？敵仇之間，只有名字不一樣，其他的手段都一樣的；而且最厲害的是彼此間會互相學習，還互相投胎續緣，所以，用以暴制暴的方法能解決嗎？不能的，也不該如此解決。

我們並不是不去處理這些問題；而是要注意，如果在處理這問題的時候，認為自己是絕對的正義，而不是以很深層的慈悲跟智慧去處理的話，這是無解的。如果你跟你自己沒有辦法深層的和解，你自己的二二八，你自己的漢人，你自己的原住民……，你自己殺自己的這些恩恩怨怨不解決的話，很多的病痛業障還會再來的。

怨靈是怎麼來的？它根本是你自己的心。我們的意識裡潛藏著久遠的生命記憶，心理學家發現，有的精神分裂者，甚至擁有十幾個人格，當這些人格忽然間全部騰升到頭腦時，就產生各種糾結。其實每一個人都這樣的，只是我們很幸福，現在我們的主體意識很清楚。

中陰身與三魂七魄

《楞嚴經》中所描述宇宙發生論觀點：「性覺必明，妄為明覺，覺非所明，因明立所，所既妄立，生汝妄能，無同異中熾然成異，異彼所異，因異立同，同異發明，因此復立無同無異。如是擾亂，相待生勞，勞久發塵，自相混濁，由是引起塵勞煩惱。起爲世界，靜爲虛空，虛空爲同，世界爲異，彼無同異眞有爲法。」

前面是關於整個宇宙、虛空與宇宙論最根本的結構，後面的運作體系是整個世間的認知。道家講三魂七魄，有天魂、地魂、人魂跟七魄，也是一套解說體系。印度教講星光身、心靈身跟我識。各種宗教建構了越來越複雜的各種身。

最基本的核心，就是「自我」與「神我」的問題。基本是三個層次：「欲界身」、「色界身」與「無色界身」。欲界的存在就是所謂的星光體，色界是心靈身，無色界則是神我、我識，或是本我，道家是講陰神跟陽神。陽神可以上至無色界，但是有時候會用元神。不過因爲道家這些名詞用得很晦澀、很難定義，所以在道家本身也很複雜。《性命圭旨》，就是後期道家融攝佛教之後，所建立的比較完整說法。

佛法不並認爲人有一個不變的靈魂，而是用中陰的概念，所以是無色界中陰、色界中陰跟欲界中陰。中陰的「陰」跟陰陽無關，「中陰」就是「中蘊」；「蘊」積聚的意思，就像五蘊。這樣的概念是它的存有是沒有自性的，它只是指明相互之間的不同。

佛教會借用婆羅門教既有的概念與名詞，但是本身並不主張靈魂實有，而在印度教跟道家是主張有靈魂的。中陰身是一種「中間的作用」，例如，我們投胎欲界就有欲界中陰，投胎色界就會有色界中陰，這些都含攝在輪迴之中，所以是中間的作用。

當我們禪定進入初禪時，這時你的定境是初禪，外面色身是欲界身，將來時間到了要走了，神識就會直接到色界去。在道家跟印度教，是以此形成超凡入聖的一條直線，但是佛家是求自我的昇華與超越達至無我，並不以禪定爲本質，所以這裡面就與超凡入聖無關。超凡入聖是求投生天界，而佛教最主要是以無我智慧來檢證，所以是無關乎超凡與入聖。

達到初禪這一條線是一個很穩定的線，基本上至初禪時是不大變異的，所以初禪中陰投胎初禪天。對道家而言就是練成嬰兒的陽神（元嬰），那印度教就是超越星光身，成爲心靈身或是心靈體。相對低階而言，這是很長期、很穩定的高階狀態，基本上都以禪定爲根基。所以就道家或是印度教來講，有時候他們修行人會出竅，或是在夢中會暫時離體等其他狀態；但若是在星光身或是陰神狀態不是很穩定時，建議大家不要出神，因爲在這種狀況裡面脫出身體會被欺負的。這種狀況是類似欲界的鬼神，靈魂脫出身體的話，能量不夠會有問題。而到達出陽神跟心靈身，是屬於天界天仙，能量充足，比較沒有問題。長沙禪師曾寫了一首偈頌：「學道之人不識眞，只因從來認識神，無量劫來生死本，癡人喚作本來人。」佛法認爲在這欲界、色界及無色界這三個中陰的系統裡面的運作，只是一種夢中之事，是一種識神作用。

我們從生有到死有，有六種中陰，其中「生有中陰」、「夢中中陰」及「禪定中陰」，是我們現在就擁有的。不只是臨終要訓練，夢中也要一樣訓練，從「夢中知夢」到「夢中作主」到「夢幻光明」，平時如果能訓練好，如此死要去哪裡就可以自己決定了，從「臨終中陰」，到「死有中陰」，到「投胎中陰」，這一切都可以自在，因爲平時覺性的訓練，從生前中陰到死有中陰都是自覺的。

我們如何選擇自己的投胎方式？業力是如何寄存在我們的生命之中，讓我們不斷的往下墮、往輪迴的路上走？

一般人在往生的時候會隨著三種現象而去：

第一是隨重業，決定死後去哪裡。如果生前造下極大的惡業或善業，往生之後就受到重業的牽引而投生地獄或天上。

第二個是隨習氣。腦筋裡一直想著，到時候不知不覺就往那投胎去了。有一個故事，說有位畫家一生畫馬，腦子裡都是馬，愛馬成痴。直到他臨終時，他的意識裡都是馬。往生之後，他的神識開始飄蕩，一看到馬立刻就被吸引過去，投胎變成馬。

第三是隨憶念，爲往生者助念的意義即在於此，幫助亡者憶念諸佛及淨土的功德，往生彼國。

我們臨終的時候，一定要記得停、聽、看，「停」是定力，「聽」是觀察，「看」是抉擇，否則只有隨著業力或習氣而投胎。

超渡與解脫

有一個發生在金門的故事，有一個老太太的丈夫過世了，當地同時有另一個小孩出生了。那個小孩常常作夢，夢到他到一個地方，有一個老太太常拿著豐盛的東西給他吃，他每次去都吃得很飽。後來才知道，原來那個小孩是老先生的投胎，因此老太太備辦供品祭拜老先生時，小孩在夢中就會被召喚去應供。

一般人最喜歡投胎到誰的身邊？最強烈欲求投胎到誰的身邊？一種是恩人，另一種是仇人，但是報恩的比較少，報仇的居多。有時候你投胎了，但仍有部份神識留在世間。有時你投胎到這個家，但你的怨靈卻在另外一個地方修理你的家族。所以，這是誰來報仇？你自己來報你自己的仇，你卻不知道。自己和自己打架，結果打來打去是同一個人也不知道，這是常態啊！那一層一層的你，這是現在的你，那是二二八的你，這是原住民的你，這是滿清的你，這是荷蘭人的你，這是鄭成功時期的你……，我們身上都有很多不同層次的意識，其實都是自己！

所以，「性覺必明」，這是核心的理解。「妄為明覺」就是無明，無明緣行，這是生命意志，強烈的分別心的這個行爲是什麼？就是「執」。生命意志就是一種執著，爲了要保衛無明。無明有什麼好保衛的呢？沒有，但這就是分別心所自然造成的趨力。「因明立所」，這是行，「所既妄立，生汝妄能」，這就是「我」。

爲什麼菩薩生生世世不會受外在的怨靈糾纏？因爲他有大悲心，他有大智慧，大悲心和大智慧形成他的防護網，所以稱爲「大悲心幢」、「大願鎧甲」，這個你們大家都有，這個是根本，不是用外在的技術精雕細琢。

所以說，若離妄想，則一切智、自在智、無礙智則得現前，而且這講無量無邊的所有經典，法界中的一切現象，他說此大經卷，法界中的一切知識，一切的眞理實相，雖然等大千世界，而全住在哪裡呢？全住在一微塵中。

我手上抓著一個微塵，所有宇宙的實相都在其中，所以如一微塵，一一微塵皆亦如是；如果有一個人智慧明達，具足成就清淨天眼，則見此經卷在微塵內，於衆生無少無異；所以佛是什麼？一微塵的經典打開使無量衆生得利，一微塵等於無量無邊的微塵。

從大海限縮到冰山的生命自身

《楞嚴經》中非常重要的一句話：「性覺必明」，但是我們起了分別心的妄明，以分別心去把你必然的「心明」，把本來就明的，反而起一個「認明」，要去覺它這整個本心，結果就整個顛倒了。因爲「覺」不是一個有自性的東西，「覺」非你所「明」，所以這種分別心的顛倒，這個幻想出來的「明」，投射出幻識幻影，這就是「所」。宇宙虛空就是由「明」所投射出的幻影，所以整個宇宙是什麼？勉強來講，這宇宙是我們集體的潛意識，我們共同所成。

我建構一個新名詞：「心、時間、空間的複合體」，這個就是你的妄心。「所」就是對象，就是這共業所成的世間，是大家共同投射出來讓他出現且堅固的。但是他堅固嗎？不堅固。衆生心的投射，投射出物理現象、時間現象、空間現象，這些現象的本質就是成住壞空、生住異滅、如幻如化，但是我們卻投入到自己演化的幻境裡面，假戲眞做。

所以，原本我們的生命像大海，結果自己決定凍結成冰山。大海本來清澈、無垠、無量，卻變成一個個浮沉不定的冰山。冰山沉在海水下面的無明的部份，我們自己並不清楚，只能撥動冰山上浮出水面的一小角。從這無限自由的大海裡面，我們卻自限生出冰山，生出自我，「生汝妄能」。所以「從無同異中，熾然成異」，就是建構了相對性。在相對之後，就開始要找同伴了。這就是我們生命中的自然心態，當你的「存有」從「無明」中出現之後，你心就會這樣子，你會「異彼所異」，就是跟你有所分別。這種分別就產生了異類與同類，不是敵人就是同伴，這是千古不變的道理。但是同志當久了必然是敵人，一定是結合次要敵人打擊主要敵人，最後全部都打成一團。這是「因異立同，同異發明」，我同你異，又立出「無同無異」，這都是由心識中的分別所形成的。

能量碎化與自我耗損

我們心的複雜是自己造成的，不是別人。所以「相待成勞」，這「成勞」用現代物理學來說就是「熵化」，也就是「能遢疲」，心念從高階往下墮，從位能變成動能，掉下來了，動能消失後就不能動了。高階就是定力，定力是不動的，當定力消失，高階的位能變成動能，就掉下來了。定力消耗稱爲「成勞」。能量是怎麼消耗的呢？相互消耗。消耗的結果就是碎化，能量碎化。「勞久發塵」，這是從無色界下墮進入色界。「自相混濁」，色界的宇宙大爆炸了，這叫做混濁，接下來就「由是引起塵勞煩惱，起爲世界，靜成虛空，虛空爲同，世界爲異，彼無同異眞有爲法」。所以「覺明空昧相待成搖，故有風輪執持世界」，這是什麼？我用現代的概念去講，這就是基本粒子的相互震盪。

水的構成 H_2O，這是眞的或假的？當然是假的，哪有 H_2 跟 O_2 呢？勉強可說是什麼？是無限的點，但是有特性的連在一起。最近北韓成功發射了一千公里的飛彈，那樣微細、那樣小的原子，這樣精準的被擊碎了。原子的互相結合需要多少能量，看他爆發出來的能量有多大就知道！如果把氫融合成氦，那釋出的力量就更可怕了！這裡面都是微世界的分分合合，造成整個宇宙世界的變來變去。星球、宇宙、分子、原子，不都是這樣轉來轉去嗎？這裡面其實是能量在緣起中的自然機率的顯現，所以我們在緣起中的世界裡面，都是量子機率。

了解了輪迴的狀況，我們再看看今天手機的普遍所引發的問題就很清楚了。iphone 的產生，眞的讓大家「愛瘋」了！它產生一個可怕的誘發性的力量，我們現在手機所抓的一切念頭，這些念波或是波念，絕大部份是負面的心念，每天快速而頻繁地傳播。霧霾和 PM2.5，不只是空氣污染的現象，也是心識污染的外在投射。

和解必須從跟自己和解開始

了知怨靈從何而來，我們才能找到開解的路徑。

在所有的和解中，最最重要的是我們對自己的態度。和解必須要從和自身和解開始，愛他人要從愛自己開始。慈心三昧的核心，就是你跟自己的和解，不愛自己的人是無法愛別人的。你愛不愛自己？有沒有愛護自己的身體？有沒有尊重自己的呼吸？有沒有愛護你的肝、你的胃？許多疾病是怎麼來的呢？絕大部份是你自己跟你的身體不和解，當你身體出問題了，有沒有向身體說聲：「對不起，你辛苦了」？我在《沒有敵者》一書中所教授的方法，就是自身與心念、呼吸、身體，乃至外境、宇宙的完全和解。

和解，我們要先愛自己，再愛這個世界。因緣法是很清楚的，業報是絲毫不爽的，我們要追求公平正義，但更重要的是公平正義的背後，要有一顆最溫柔、最慈悲、最智慧的心。

97　和解 Reconciliation

一心……

一心……

讓我們的觀想一切的生命共同的幸福喜樂

觀想自己的親人、朋友完全的快樂

觀想自己所居住的社區、都市、國家的人民都十分的快樂

觀想亞洲人、地球人、乃至一切生物都十分的快樂

整個太陽系、宇宙、無量無邊的充滿了快樂

當下的喜樂導引我們現在無憂無惱、完全的喜悅

每一個念頭都是無盡平等的大喜樂

—冥想・地球和平禱詞

第五章　和解是超越業力的最佳方案

阿難！若是菩薩鬪諍瞋恚罵詈，便自改悔，作是念：「我為大失！我當為一切眾生下屈，今世後世皆使和解，我當忍受一切眾生履踐，如橋梁如聾如瘂。云何以惡語報人？我不應壞是甚深阿耨多羅三藐三菩提心。我得阿耨多羅三藐三菩提時，應當度是一切苦惱眾生，云何當起瞋恚？」

—摩訶般若波羅蜜經　卷十九

復仇人面瘡

業力與因果，貫穿時空，彷彿冥冥之中真的有一股力量，牽引著彼此的命運，在恩恩怨怨中交織輪迴，無法得脫。

唐代知玄國師在年少還未被封為國師時，曾四處參訪叢林，有一次，他與一位異國僧人一同掛單在一間寺院裡。那位僧人全身長滿了瘡，發出難聞的臭氣，因此附近的僧人都避之唯恐不及。知玄心中非常憐憫，不辭污穢，親自照料他。

不久那位僧人的病痊癒了，兩人爲了道業各奔前程，在臨別的時候，那位僧人爲了感激知玄和尙的德風道義，就對他說：「你以後如果遇到災難，可以到西蜀彭州九隴山來找我。山上左邊兩棵大松樹連在一起，就是我居住的地方。」說完兩人就分別了。

後來知玄和尙因爲德行高深，深得唐懿宗尊崇，就封他爲國師，號「悟達」，還賜給他一座沉香莊飾的寶座，悟達國師坐上寶座之後，生起一念傲慢心，心想自己現在是一人之下萬人之上了。

沒多久，他的膝蓋上忽然生出一個瘡，像人的臉一樣，還有嘴巴，每次還要用飲食餵他，而這個怪瘡也能像人一樣開口吃東西。他得了這個怪病，苦不堪言，遍請各地的名醫，但是都束手無策。

這時他想起過去那位僧人臨別所說的話，於是就動身前往西蜀彭州九隴山去尋訪。他依言找到了兩棵並立松樹的所在，旁邊是一座金碧輝煌的殿堂，那位僧人果然在其中。兩人相見甚歡，知玄就把所患的怪疾告訴他，僧人加以勸慰，並叫他用寺旁的泉水清洗即可痊癒。

第二天清早，僧人就命一個童子引領知玄到巖下清泉的溪旁清洗，他剛要捧水洗人面瘡時，人面瘡竟然大聲呼喊：「等一下，法師，在我們這段因緣了結之前，我有些話要告訴您。」

知玄看到人面瘡竟然開口說話，實在太驚訝了，也停下了動作。

人面瘡繼續說：「法師，您知識廣博、見解深遠，但不知是否曾讀過西漢書上，袁盎與晁錯傳呢？」

知玄回答說：「曾經讀過。」

人面瘡就說：「您知道嗎？往昔的袁盎就是您，而晁錯就是我，當時晁錯被腰斬時，心懷怨恨，因此累世都在尋求報復的機會，可是您十世以來，都出家爲僧，而且持戒嚴謹，使我沒有機會報復。直到您受到皇帝的恩寵，生起名利的驕慢心，使德行虧損，也讓我有機會報仇。

現在承蒙聖者迦諾迦尊者出面化解我們之間的恩怨，以三昧力加持，賜我三昧法水，讓我得解脫，今後我也不再與您爲難了。」人面瘡說完了，就安靜了下來，像睡著一般，面容非常安詳。知玄取了泉水洗濯之後，瘡口果然痊癒了。

知玄親身經歷這段驚悚的業報，感慨不已。也感於尊者恩德，於是造了「三昧水懺」的儀軌，幫助後人懺除業障。

業力與輪迴

生命中的怨念與業力，穿梭時空，怨力不可思議！什麼是「因果」？什麼又是「業力」？

「業」的輪迴思想起源於印度，「業」（Karma），是指「行爲」的意思。印度人認爲業是招致輪迴轉生的一種動力。後來被佛教融攝之後，認爲以此「業」爲因，能招感苦樂果報，投生於六道之中，這種會牽引至六道的業力，稱爲「引業」。而以同樣生於人道而言，又有富貴貧賤、高矮美醜等種種差別，這種圓滿程度的業力，稱之爲「滿業」。

以上所說的個人的業，相對於團體的命運，則稱爲「別業」，而我們所共同生活的這個世間美好清淨與否，也是這個世界眾生共同感得的果報，可以說是居住在此地眾生共同的命運，有的國家富足，有的國家動亂，這是某個國家人民的共同的命運，也就是所謂的「共業」。

這種業的思想，和中國傳統「命」的觀點非常類似。而命運、業是怎麼來的呢？無論是命運、業，乃至宇宙中的一切現象，都是由「因」（原因）、「緣」（助緣）所產生的。「因」可以說是主體條件，「緣」則是輔助條件。釋迦牟尼佛體悟了這個因緣的道理，而說出「有因有緣世間集，有因有緣集世間；有因有緣世間滅，有因有緣滅世間。」這四句話總攝了佛法的因緣觀，也是佛法的根本。

「有因有緣世間集，有因有緣世間滅。」這兩句是講宇宙一切生成的道理，「有因有緣集世間，有因有緣滅世間。」這兩句是講宇宙萬物生成的現象。只要因緣條件具足，則一定可以產生某種特定的結果。

因此，所謂的「宿命」、這輩子的「業報」、「禍福」，都是我們過去所作，其中力量最強、而現今浮在表面的業，就成了今生所謂的「命」。如果我們所引進的力量，超乎這個結構，那麼就掌握了改變命運的關鍵；或者是我們引進了智慧，明白了：「原來這個結構不是固定不變的。」，於是我們將這個結構改換的話，那麼也就超越了命運。

什麼是命運和業力的結構呢？佛法認爲「業性本空」，一切的業、命運都是沒有永恆不變自性的，是空的，無常的，隨時在改變的。因爲，連「我」都沒有自性，何況是「我的命運」、「我的業障」？既然「我」都是由因緣所生，那麼「我的業障」怎麼會有眞實呢？眞正障礙我們的，不是「業障」；而是我們認爲「我們的業障無法改變」。

佛陀告訴我們「自業自得」，也就是俗語所說的「自作自受」，所有的業都是自己所造，當然也是自己才能改變。只要具足正確的因果觀念，了解「業力」與「果報」之間的關係，朝著正確的方向努力，積極行善修福，精勤修行必定能再造新命。

業力形塑命運

「業力」，及「業力」與「果報」之間的關係。

業，音譯爲「羯磨」，是指「行爲」、「造作」的意思，是指行爲、所作、行動、作用、意志等身心活動。如果和因果關係結合，則是指由過去行爲延續下來所形成之力量。此外，「業」也含有善、惡行爲上所招致苦樂等因果報應思想，及前世、今世、來世等輪迴思想。

「業」的思想，最早源自於印度。印度人認爲，「業」是招感生命不斷輪迴轉世的動力。後來，佛教沿用「業」的觀念，將其昇華，認爲「業力」是招感一切痛苦、快樂，雜染、清淨果報的原因。

對於迷惑的衆生而言，所造的業會帶來後續的煩惱，煩惱再推動後續的業，如此惡性循環，輪迴不已，而形成了衆生的種種苦樂果報與世間衆相。這些都是由自身所造作的業所招感，也就是所謂的「命運」。

而這些業中，又可分爲許多人共同招感的「共業」，及各各不同的「別業」。即共同的命運與個別的命運。像我們所生存的地球這個大環境，就是生活在地球上的生命所共同招感的共業，而同樣在地球上，有的地方富足，有的地方貧瘠，有的國家和平，有的國家戰亂，這就是各別的「不共業」。

「業」本來的意義只是單純地意味著「作為」、「行為」，透過身、語、意的造作，雖然剎那間就過去了，但是招感後果的力量卻還是存在的，這就是所謂的「業力」，能引生後續的果報，這種力量也是推動生命不斷出生輪轉的力量。

隨著業而來的，就是種種果報，也就是一種行為必然伴隨某種果報，種瓜得瓜，種豆得豆，而形成了業的因果輪迴思想。

六道輪迴的業力

業力有三種特性：

1 業力的形成必定是有因有緣
2 微小的業也能形成極大的影響
3 在未受果報之前，業是不會消失的

業力的形成必定有因有緣

現前遭受的果報，必然是往昔所造作的業力，有因有緣所形成的。

以我們此生為人來說，也是由於往昔所行的業力所招感。在種種業中，有一類特強的業力，在有情臨命終時，能吸引其投生到六道中的某一道，或生於天上、人間，或墮地獄，或墮於畜生、餓鬼，各自由不同的業力所招感。這種會招感吸引到六道的業力，稱之爲「引業」。

在《成實論》卷八的六業品中就說，投生於地獄道的人，是造了「地獄業」，也就是極爲重大的惡業，而且毫無悔意。

投生爲畜生道的人，則是造了「畜生業」，也就是中等的惡業，或是造惡之後心中有悔意者。

投生爲餓鬼者，則是造了「餓鬼業」，也就是較輕的惡業，或是才一造惡心中就生起悔意。

投生爲人者，則是造了「人業」，也就是行一般的善業。

投生爲天神者，則是造了「天業」，也就是行較大的善業，投生到欲界的六層天界。

此外，如果是行「禪定業」者，則能招感色界、無色界等更高階的八個天界，投生於彼處。

除了能吸引眾生投生於各道的「引業」之外，還有在各道中圓滿與否的「滿業」。例如，同樣生而爲人，又有著千差萬別，人有男、女的性別，有的長得美好莊嚴，有的醜陋無比，有的人說起話來音聲甜美，有的人一開口像破鑼嗓，有的享受富貴榮華，有的一生窮困潦倒……雖然同樣有著投生爲人的業力，但個別的業力與圓滿程度又有著種種差別，則稱之爲「滿業」。無論是那一種果報，這種種差異，必定是有因有緣，由往昔的業力所形成的，非無因無緣。這是第一個對因果業力必須要有的認識。

業力混沌理論

即使是微小的業力，在各種因緣條件之下，卻可能造成極大的果報。著名的混沌理論（chaos theory）的根據，即是一隻蝴蝶搧動翅膀，竟然在遙遠的國度裡引起颶風。在詹姆斯．格克的《混沌學》中，提到了一首有趣的民謠：

「少了一顆釘子，丟了一塊蹄鐵；
少了一塊蹄鐵，丟了一匹戰馬；
少了一匹戰馬，丟了一個騎手；
少了一個騎手，丟了一場勝利；
少了一場勝利，丟了一個國家。」

這首民謠也生動地說明了混沌理論。

業，也有這種特性。如小小的善業或惡業，如果不斷地造作，就會積集而成重大的業力。就如同《法句經》所說：「勿輕小惡，以爲無殃，水滴雖微，漸盈大器。」

不要輕忽微小的惡業，以爲不會有什麼嚴重的後果，就像水滴雖然微小，滴久了也會積滿大容器。

善業也是如此。古德說：「勿以惡小而爲之，勿以善小而不爲。」也是同樣的道理。

在《佛說罪福報應經》中記載，有一次佛陀在從加毘羅衛國往舍衛國祇樹給孤獨園的路上，二國國界交接處有一株大樹，即尼拘律樹，高二十里，枝布方圓，蔭覆六十里，樹上有數千萬斛，吃時香甘，味甜如蜜。當果實熟落之後，人民取來食用，衆病皆除，眼目精明。

於是佛陀告訴阿難：「大衆積聚福報，就如同此樹，本來只有種一個小核，漸漸長大，所利益的衆生卻是無限。」

業力的解決方案

在《大智度論》卷五中說：「積集諸業乃至百千萬劫中，不失、不燒、不壞，與果報時不亡。是諸業能久住和合，時與果報。如穀草子在地中得時節而生，不失不壞。」

在偈頌中又說：「生死輪載人，諸煩惱結使，大力自在轉，無人能禁止，先世業自作，轉爲種種形，業力最爲大，世間中無比，先世業自在，將人受果報，業力故輪轉，生死海中迴。大海水乾竭，須彌山地盡，先世因緣業，不燒亦不盡。」

業的力量極大，即使經過百千萬劫，高山夷爲平地，海水完全枯竭，直到果報現起之時，所造之業還是不會減損、消失的。有業，就會有果報；今生不受報，來生不受報，就是千千萬萬生，業力照樣存在，只要因緣和合，還是要受報的。

強大的業力怨恨糾結，如何化解？有的人希望仰仗神通力來化解，由於神通是因緣條件所構成的，所以神通是有其限度的。雖然神通力量似乎十分強大，但還是受到因緣條件的限制，無法改變業力，因此而有「神通不敵業力」的說法。所以，想用神通來消除過去所造的惡業，或是憑空得到福報，並不可能。

佛陀十大弟子中，神通第一的目犍連尊者橫死，也爲「神通不敵業力」下了感傷的註腳。目犍連尊者在獨行之時，被埋伏的裸形外道群攻，以木杖擊殺。又因爲恐懼目犍連的神通，所以把他打得遍體爛熟宛如一攤肉醬，才一哄而散。舍利弗到場時，看見目犍連尊者的慘狀，舍利弗悲傷的問：「尊者！你怎麼會如此！」

目犍連尊者回答：「這是業報成熟的緣故啊！」

舍利弗不解的又問：「尊者！您是如來聲聞弟子中神通第一者，難道無法避免嗎？」

「當時由於業力所拘的緣故，我連『神』字都想不起來了，何況是發起神通呢？」

目犍連尊者氣若游絲地回答。

神通第一的目犍連，如此慘死，無疑是一場震撼教育。如果以我們現有的資產負債來做比喻，神通在短期借款中，改變存款、付款的次序，但並無法改變資產的內容。所以，想用神通來消災解厄，或是獲取福報，是不可能的。即使暫時看似達成目的，其實可能只是改變業力、果報的順序而已，並不能改變生命總資產的內容，因爲這一切還是要靠自己的修行，如果不了解這一點，只是純粹依靠外力，對後續的情境造成的干擾，絕不會比原來更好。

因果三階

1 堅信因果

任何已發生的事實，例如今天我們莫名其妙被某某人打了，深信因果的人必定相信其來有自，只是我們智慧不足、無法了知。

即使知道原因，這樣的原因並不一定發生這樣的事實，就像石頭丟進水裡面一定會沉下去，但是如果丟到船上呢？就未必了。有時事情發生的先後次序調動一下，結果就不一樣了。

好比化學元素的混合，前後次序擺放的不一樣，有些會爆炸，有些會變成美麗的水晶玻璃。如果能堅信因果，才能接受事實。

2接受事實

沒有一位相信因果的人不接受事實的，不接受事實的人是呆子，這種人沒有辦法努力，沒有辦法改善生命，因爲他的眼睛被遮蓋、看不見，像鴕鳥一般。我們要看清楚事實，了知這是業障現前，這是因緣果報，坦然地接受。這是因果觀裡面最重要的一點。

3永不認命

相信因果的人是永不認命的，尙未發生的事永遠還有改變的可能。對那已發生的事實，我們刹那即接受，馬上調整，但還沒發生的事，則永遠努力地超越，即使暫時沒有辦法超越也沒關係，那是因緣力量不夠，但我們要永遠不斷地超越。

袁盎斬晁錯結下的恩怨，使其化身怨靈，累世都在尋求等待報復的機會。最後在聖者迦諾迦尊者出面化解，以三昧力加持，賜給人面瘡三昧法水，才使其得以放下怨念，安然得脫。而知玄國師因此而修造《慈悲三昧水懺》，來懺除宿業。感恩、懺悔，永遠是和解的最佳方案。而佛陀從十二因緣當中，體悟了生命的流轉與解脫，泯除了生命本初的裂痕與根本的我執，了知一切生命都是圓滿的佛陀，更爲我們生命的圓滿和解，開啓了一條康莊大道！

和解，是讓自己的生命更加幸福喜樂的方案，怨恨是傷害自己最有力的仇敵，它偷偷溜進心中，殘忍的留下心靈病毒，傷害我們的身心健康，嚴重破壞了我們的幸福。現在，我們應當用無比高貴清涼的慈愛歡喜，使人生更加圓滿。在清靈的心中，看到這些往昔與我們有田螺冤、老鼠仇的人，都充滿了歡樂幸福，甚至是有深仇大恨的人，我們也和解了。雖然世間自有相應的律法、因果，一切當然隨緣，但是這些都不影響我們心中的喜樂幸福，人間已經沒有仇怨，世間只有慈愛光明！

這是自己最後、最堅決的決定。

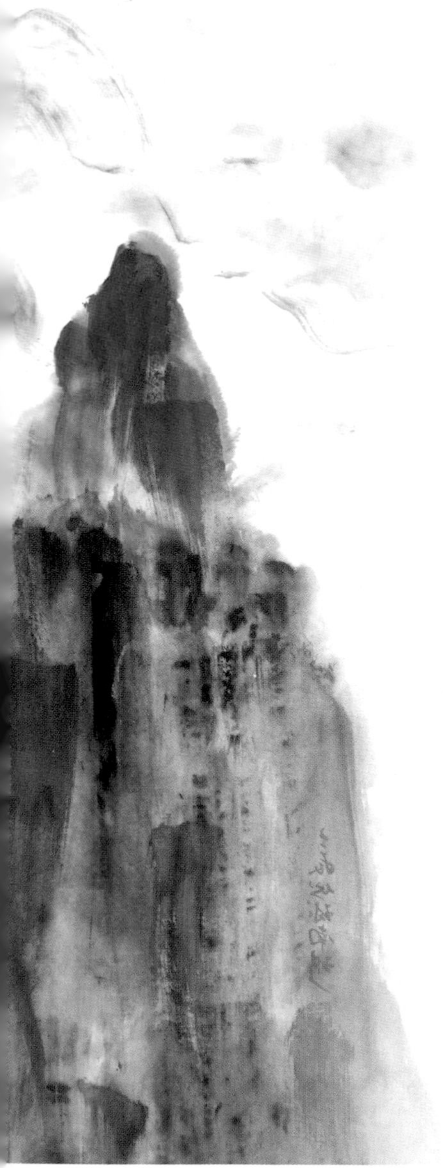

113 和解 Reconciliation

嗡……這是一首宇宙的詩
讓自己從自心到宇宙
發出最深沉的和諧聲音
是與自心唱合　是與呼吸唱合
是與氣脈唱合　是與身體唱合
於是嗡……嗡……那美麗的合音
就唱向了每一個人的心、每一寸山河大地
從宇宙的這一邊陲　唱到宇宙的另一邊際
就唱出地、水、火、風、空、心的宇宙和鳴
這是永遠和解的聲音　是無我的唱合
用光明所交響演奏出的幸福清寧

—冥想・地球和平禱詞

第六章　從心身到宇宙的和解練習曲

別知數息之長短，能了喘息動身時，
和解其行而定體，歡悅如是所更樂，
曉安則為六，志行號曰七，而令心和解，身行名曰八，
其意所覺了，因是得歡喜，制伏心令定，自在令順行，
無常諸欲滅，當觀此三事，知行之所趣，是十六特勝。

—修行道地經　卷五

與自己和解

你自己的心結沒有人能幫你打開，只有自己能，只有你自己能夠原諒自己，只有你自己能夠不怨恨自己。

原諒你自己吧！原諒你的心那樣糾纏，原諒你的細胞那樣緊張。

感恩你呼吸的空氣吧！你越感恩她，就會看到她的體性。感恩空氣中的心，那體性就是法身，就是金剛鍊光，進到你的身體，你的身體明亮起來了，糾纏都打開了。

在呼吸中，你看到世界都變成了光明，光明的佛身進到你的身體，金剛鍊光就在那裡。

耳朵所聽聞光、音同體，你的耳根圓通了；鼻子所嗅一切馨香；身體所觸一切清涼，法界現成，一切圓滿，這就是「全佛」(BuddhAll, All is Buddha)。

除了你的六根、你的細胞，我們也要讓地球開悟，Enlightening Earth, Earth is enlightening，地球開始覺悟了，正在覺悟當中！

本章中所教授的方法，就是讓我們與自己的心念、呼吸、身體和解，與外在環境山河大地和解的方法——放鬆禪法光明導引、快樂禪法與慈心觀。

一個無法原諒自己的人，就沒有辦法原諒別人，原諒自己，跟自己和解，跟本初的心和解，如此才能去愛、去慈悲你自己最喜歡的人，然後去愛跟你完全無關的人，不愛不恨的人，讓他慈悲，讓他歡喜，讓他成就；進而是你恨一點點的人，給他慈悲歡喜吧！再來是恨重一點的人；最後才是跟你有深仇大恨的、生死不共戴天之仇的，就讓他成佛吧！

從近遠親疏的對象，再來是空間，從我們的家庭到整個城市，到台灣、到亞洲、到地球、到宇宙；時間從過去、到現在、到未來，過去的過去、現在跟未來，現在的過去、現在跟未來，未來的過去、現在跟未來，我們發覺到整個時間原來是十方十世皆圓滿。

讓我們觀喜地展開自己的DNA與幹細胞，啓動對身心、心念、心靈及幹細胞所有的修復運動，讓你的細胞活化，讓你的組織、肌肉、骨骼、臟腑、經絡都重新再生，回到本初光明的體性中。

首先我們來練習與自身和解的第一個方法：放鬆禪法光明導引。

放鬆禪法—從自身到宇宙六大的圓滿和解

一九八三年我在深山閉關時，身心在完全放鬆的狀況下，產生了不可思議的變化。一是在登山經行時，感覺身輕如燕，身心氣力充沛，有時兩天才須吃一餐；冬天在極為寒冷、幾近零度的高山上，只須身著短袖，一點都不怕冷。二是在戶外經行時，陽光照耀下，皮膚毛孔會有金色亮光晃耀，後來曾請教密教大成就者陳健民上師，陳上師說這是「舍利外現」的境界。第三個奇特的變化是在出關時，當我下山時，家人看到我非常訝異，因為我比平時長高了約七公分，身高並能自在伸縮至十五公分。這時我才注意到，在身心完全放鬆的狀況下，可以產生這麼大的變化，而開始思惟其中的原理。

放鬆禪法可以使我們的身心完全放鬆和解，逐漸健康與清淨安寧，並能時常生起慈愛的心，對一切生命視同手足，逐漸遠離貪欲，瞋恚與癡迷；而將之轉換成慈悲、智慧與信賴。所以，放鬆禪法的練習，可以改善人的內心世界，使我們更敏銳明晰，更有睿智與遠見。

當每個人都有放鬆體驗時，愛人、愛世界將成爲一種常態；我們觀察佛身也是放鬆後的完全進化，所以佛身是放鬆圓滿的自然產物，也是悲心與智慧圓成的象徵；放鬆是轉化人類身心的關鍵，也是人類社會未來的新希望。

宇宙與自身五大元素的轉換

在進入放鬆禪法的學習之前，首先我們要了解宇宙及自身五大元素的轉換。

根據放鬆禪法的理論基礎，最主要是建立在兩個系統上面：一是物質的元素性，也就是從最粗重到最細微的物質轉變次序——地、水、火、風、空五大；二是從最裡層的心擴展到整個外境，也就是心、氣、脈、身、境。

放鬆方法透過這兩個系統的互相交織，使我們現實存在的身心，能在有次第的放鬆之下，不但能使身體健康，心靈昇華，更能漸漸契入宇宙的實相，進而達到身心進化的目的。

在佛法中，將構成宇宙及我們自身的元素，分成五大元素：

地大：顯現堅固、不動特性的實體，如骨骼、肌肉等。

水大：顯現清涼、流動的特性，如血液、內分泌。

火大：顯現熾熱、昇騰特性的能量，如體溫。

風大：顯現移動、轉移的動力，如呼吸。

空大：顯現空虛、無限的含容力，如含容身體的空間及體內的空隙。

這五種元素構成了宇宙的物質現象及我們自身。這五大不是單獨的存在，而是交互的融入，所以水中有火、地中有水。如我們身體的地大（骨骼、肌肉）就含有水份（水）、火、風、空，而其他四大也是如此。

這五種元素雖然能夠交融，但顯現上還是要有一定的次第與平衡，否則身體會因五大失調而產生疾病。所以，透過放鬆對五大的調鍊、融和，一方面可以讓我們對身心產生自在轉換的強大能力，另一方面能夠讓我們的身心保持康健。在需要時，放鬆也可以成爲對治五大所產生疾病的方法。

而這五大的存在是來自意識的了別能力，所以五大加上意識的識大，就成爲六大。而由意識中產生對宇宙、人生正確的知識見地，形成正見，則稱爲七大。由正見指導著意識，由意識指揮五大做正確的運作，則是使生命圓滿的正確道路。

其實五大是意識的幻影，只有相對性的實存幻影。我們了解五大如幻、意識也如幻，在放鬆時依據正見則能夠自由轉換五大，使身體在如幻中全然化成地大或是水、火、風、空等其他四大，達到進化身心的目的。

從內心到外境完全和解的口訣

了解了這五大元素之後，我們再來觀察自己的身心。心、氣、脈、身、境是我們統攝掌握自我身心與外在世間的完整次第。

什麼是心、氣、脈、身、境呢？

心是指我們的心意識，心意識的相續執著的運作，產生運動的力量就是氣；而氣不斷運動的軌跡則形成脈；而脈氣的相續造作，產生支分的實體化，則形成了明點（如內分泌）、各種器官與身體。而心、氣、脈、身所投射於外界的時空情境與其他生命的心意識交互映成，則形成外界相對性的客觀世界，這就是境。

我們把進化身心的基本心要，匯集成五大口訣，就是心如、氣鬆、脈柔、身空、境幻（境圓）。這五者由心的細微到身、境的具相，可說是包含了放鬆所要成就的一切範疇。現在簡介如下：

「如」就是實際，如其本相。也就是心意識在觀照萬事萬物時，都能如其本然的實相，而不加以絲毫地扭曲，也不使心靈受到任何的制約，只是顯現萬事萬物的本相而已。

所以，心如就是心無所執著，不受制約，而能像《金剛經》所說的「應無所住」，這時照見萬物，就不會扭曲變相，所以才能如其實相「而生其心」。人類生命的觀照功能，是緣起條件所聚合，是如幻的，所以只要如其本然，了知如幻，就能使心力發揮到極致。

氣鬆——與呼吸和解

我們心意識的流動力量，形成氣機的流走，而我們的心如同國王，氣就如同大王所騎的馬，心氣常相聚在一起。而氣要轉動自如，必須要放鬆，才能產生最大的力量。而這個氣機，最可以直接觀察的，就是我們的呼吸。

當我們的呼吸放鬆時，才能自由自在的支援身體的每一個細胞的生命能量，並且使其充足圓滿，具足生命進化增上的能量。

氣鬆，身心就無病，生命力也就旺盛；而且徹底的放鬆就沒有執著，一執著就會產生緊張對立，對身心只有百害而無一利。

脈柔—與氣脈和解

氣的通道就是脈，如果脈阻塞，氣就無法通行，則身體百病叢生；如果身上的脈僵硬的話，就容易脆裂，氣息不順暢，不能有力推動生命力量。

所以，脈要柔軟，如此氣機則通暢、充足、洪大，身體的任何一支分都能氣血圓潤，體康心健。要脈柔必須使脈不硬不脆，使脈充滿彈性韌性。

如果讓脈道不執著、不用力，那麼脈就不會緊張、僵硬，也不容易脆裂。只有在脈自在沒有執著的狀況下，才能顯現廣大的柔軟。

身空—與身體和解

只有空能無有阻塞而且含容萬物。如果我們的生理器官僵塞緊張的話，則身體容易百病叢生。

因此我們要把身體放空，則四通八達；毛孔放空，則氣息通流；血脈通暢，則氣機旺盛。如果能空身，如此一切疾病就會止息，也容易進化成就。

境幻—與外境和解

外在環境是我們每個人共同的意識行為所成，雖然較難改變，但其中自身所造作的自業部分，卻可以透過如幻的認識，比較容易隨心所轉。所以我們了知外境是虛幻不實的，就可做爲以心轉換外界環境的準備。

所以，心、氣、脈、身、境根本是一貫且同體一如的，都是心意識的影子，但心意識也受到外境的反射而轉換，彼此交互的投射。

我們如果能掌握到一切現象都是如幻的，如此身體必然能夠在適當的條件下轉換。而心、氣、脈、身、境如何統一呢？我們在放鬆時，透過正見的智慧導引，必能影響氣、脈的運作，甚至改變我們外在的生理形象，成爲有效的生命進化技術。

放鬆身心的五大口訣

1 心如：心在觀察萬事萬物時，能如其本相，不加扭曲。
2 氣鬆：呼吸、氣機完全放鬆。
3 脈柔：脈柔軟則氣機通暢，氣血圓潤。
4 身空：身放空則四通八達，氣息通流，百病不生。
5 境幻：對外境有如幻的了解，就比較容易改變外境。

平常大家在練習時，可以跟著放鬆禪法 CD 導引練習，唯一要注意的是，因爲放鬆禪法對身心和解放鬆的效果很迅速，會有睡著的現象，所以應避免在開車駕駛時聆聽。

與壓力和解

在最自在的清淨心中　放下一切
讓一切自然放下
當下　連能放下的　也輕輕的　全體放下
放下……放下到沒有一絲一毫的罣礙
於是寂靜的心讓光明自然的生起
光明成了自心唯一的光景
當下　讓我們全身放鬆
就像柳絮一般的輕柔
像海綿一樣的溫柔
把所有的身心壓力全部放下

放下身體　讓身體像流水般的明淨
放出呼吸　讓呼吸如同清風般的自在
放開心意　讓心靈如同妙蓮般開放
身、息與心淨裸裸的

像千百億日的光明
如水晶般的明透
宛轉如流虹般的明潤自在　無有實質
心意自然的止息　無念
身體與呼吸也安住在光明無念當中
當下　只有最是無念的清明

讓我們的骨骼完全放鬆開來
如同海綿般的輕柔，海綿般的彈力
把壓力從身上全部移除
海綿般的骨骼自然溫柔的彈起
我們清楚的觀照著自身所有骨骼
從頭到腳，一節一節的放鬆
全身像彈簧般有力，像海綿般柔和
所有的壓力已悄然無蹤

再將皮膚與表皮肌肉全部放鬆

頭腦、內臟與肌肉也全部放鬆、放下了
從頭部到身體到雙足
所有的壓力遠離了
就像海綿一樣恢復了彈性
徹底的放鬆
像氣球一般充滿了柔和的空氣
讓全身的血管放鬆
所有的循環系統、內分泌也自然鬆開了

全身的筋絡、神經系統完全暢通無阻
柔和充滿了欣喜
呼吸徹底鬆開了，全身充滿了氣機
五臟六腑、所有細胞、毛孔
都自然的盡情呼吸
無比的喜悅，從心中生起

每一個細胞都充滿了微笑

化成了最輕柔的白色雪花
在無雲晴空的陽光下　晶瑩的發亮
白色雪花慢慢地融成了清淨的水
從頭到腳都化成了清澈的淨水
當下成了由淨水所化現的人形

無雲晴空的陽光繼續普照著
全身的淨水吸入了無盡的能量
於是歡喜的化成空氣
成了由空氣所化現的人形

告別所有的壓力
空氣便昇華成了光明
這光明就像水晶一般的淨透
太陽般的明亮與彩虹般的無實
當下完全成就了光明的身體
而全部的宇宙也轉化成無盡的光明

完全的覺悟自然生起
一切的心念自然的消逝
連所有光明的心念也已逝去
於是過去的心、現在的心、未來的心
都已消失
自心只是絕對的無念清淨
絕對的覺悟寂靜
而宇宙與自身的光明　自生自顯
圓滿具足了光明的大覺

從放鬆、光明的無念中覺起
所有的光明收入了心輪
只有無念、無依、沒有罣礙
身心一如　健康自在
快樂的覺悟

快樂禪法慈心觀

時常生氣的人，應當可以感覺到憤怒的心痛，常像陣陣的狂潮一般，奔騰而來，任何想要使心情平靜的努力，卻成爲烈焰中的熱油，助燃著忿怒的火。任何安慰與勸解的話，更被曲解成挖苦、諷刺。

有一次，一位名爲信重的軍人，向白隱禪師問道：「眞的有天堂與地獄嗎？」白隱就向他說：「你是做什麼的？」「我是一名武士。」信重莊重的回答。「你是一名武士？」白隱輕蔑地叫道。什麼樣的主人會要你做他的護衛呢？我看你的面孔就如同一位乞兒一般！」

信重聽了之後，感覺受到嚴重的汙辱，名譽是軍人的生命，憤怒的信重雙手握拳，正準備拔劍。

沒想到白隱竟然還繼續挑釁地說：「噢，原來你有一把劍！但是你的劍未免太鈍了，哪裡能砍下我的腦袋。」信重忍不住了，就手握劍把要拔出利劍，斬殺白隱。白隱這時卻說道：「地獄之門，由此開啓！」信重聽了之後，心裡一陣愕然，知道白隱禪師是位有道的禪者，於是收劍向白隱鞠躬。

白隱禪師這時就笑著說：「天堂之門，由此敞開了。」

瞋恚這種心靈病症，不只十分難纏，有時還會產生暴力傷害等可怕的結果。如果由淺至深，可以從不耐煩、不平、微慍、煩躁、煩惱、敵意、生氣、急怒、恨意、憤怒乃至暴力攻擊等。每天觸目所及的各種社會新聞、恐怖攻擊，就是由此而來。

我們不能自傷傷人，有人認爲，只有用威嚇憤怒的方法，才能迫使對方屈服，達到自己的目的。其實這是絕對不可能的。因爲瞋恨最後只會給自己帶來無窮的回擊而已。唯有慈心喜樂的力量，才能使我們與自身、與他人，在無盡的時空中圓滿和解。

給予一切人喜樂的慈心觀

在澄清的心湖中，觀想摯愛的人喜樂：最喜樂的心，是完全寂靜而廣闊的，就像朝陽初起，大地同受春暖，空氣是那麼的清香。現在，我們安處於一心的悅樂之中，沒有任何的波動，就如同無比清澄的甘泉，沒有任何一絲的雜質。

此刻，請用宛如淨水澄清般的心鏡，投映出自己心中最摯愛的人，不管是父母、子女、配偶、手足、朋友，或是最崇仰敬愛的人，就將我們的心念完全投注在自己最摯愛的人身上。

沒有任何的情緒波動，只有最眞心的平和慈愛的關注。仔細思惟，我們現在具有最喜樂的慈愛自心，也受用了最喜悅的幸福，現在一定要將如此完美的喜悅，給予最摯愛的人。

以廣大有力的心，觀想無數親愛的人喜樂：由於我們的自愛，加上對摯親的人慈愛的力量相乘，我們的慈愛心力，變得十分的廣大有力，就如同充沛的泉源，能夠流出無量慈愛的甘泉。

現在我們還是從喜樂而清澄寧靜的心中，生起觀照，就如同馬爾地夫海水，來映照晴朗的天空般那麼明淨。

我們心中，現在不只映出自己最摯愛的人，並且繼續投映出其他摯愛的人，依著自己的心力，漸漸地浮現在心海中，一心的慈愛他們。要觀想他們都是那麼的歡喜愉悅，沒有任何煩惱的陰影。

我們可以慢慢練習，以熟練這個慈愛的觀想。從一位、二位、三位、四位……，慢慢的逐次增加，將他們的喜悅觀想清楚。當心念有混亂時，再攝心回來，使心念明晰，如同大海印照萬物一般。

現在，我們經由慈心的觀想，從最摯愛的人開始，逐漸擴及了我們所摯愛的其他對象，再擴大到我們的親朋好友。我們所有親愛的人，都在我們的觀想中，變得那麼喜悅、快樂、滿足，這眞是太美滿了。

這樣的觀想，除了能幫助我們增長心靈的喜樂，療癒心病之外，所有我們觀想的人，都會實際受到慈心觀想力量的照拂，在他們的心中，其實都會收到這種最深刻有力的心靈電波，而受到益處，對他們的身心都會有極佳的助益。

沒有怨憤的幸福

頓然放下　良久、良久……
不思善、不思惡、更忘記了瞋恨……
正在這時　那個是我的本來眞面目
就是這個姿勢
最輕鬆的身體、最快樂細柔的呼吸、最最寂靜的心情
一切的一切都隨風飄逝了
剩下的　就是惟一光明的心
瞋恨無所從來、無所從去
慈愛歡喜　我要她來、我不要她去
這就是自己最後、最堅決的決定
永愛自己，是宇宙中無上眞美的誓約

當我們把自己交給了自己時
就交付了不可違越的盟誓
與自己相愛、與自己慈愛

與自己成爲眞正惟一的自在
於是我們擁有了無盡慈愛的能力
瞋恨已逝、憤怒已遠、歡喜已近、光明到來
到了我們的身邊，我們的心底
我們成了如來
用如來的慈心，慈意給予一切的人吉祥歡喜
歡喜成了我們惟一的名字，慈愛成了永遠的心意
我們用清明的覺性，慈愛自己、慈愛摯愛的人
慈愛一切所愛……

無瞋、無恨、無怨、無惱，只有歡喜，眞正的明歡喜
大公無私的平等慈愛
就像投入宇宙大洋中的如意寶珠
從摯愛開始，一圈一圈的平等向外迴旋
從至親到平疏，一切苦難的生命
我們永遠的慈愛

最平靜的慈心，力量是永恆
對於所有往昔的仇怨，也只有慈愛的名
對所有的生命歡喜、冤親都同樣的歡喜
慈心三昧的成就，成爲人生中最美麗的珍寶
從現在到無盡的未來
我們的慈心成了虛空法界的銘記
行動　慈愛的二十一世紀

135　和解 Reconciliation

一心……用幸福的覺心　深念祈願
讓我們擁有無上光明的力量
創造世間的幸福
讓我們導引著母親地球太空船
航向新的太空世紀
讓覺性成爲地球的文化核心
慈悲、智慧成爲母親地球的眼睛
觀照著所有的生命
淨心……　淨心……
讓我們合誦著　心靈最深處的感動
永遠　無災無障的走向大覺幸福的路途
永遠　具足福貴的成就無上大覺人生

－冥想．地球和平禱詞

跋　大佛行動・覺性雲端

若菩薩成就四法得清淨眾。何謂為四？
不悕望他徒眾故，不和合者攝令和解，
學問誦習者給其所須，捨離兩舌。
是為菩薩成就四法得清淨眾。
爾時世尊欲重宣此義而說偈言：
終不望他眾，離者能令合，給學人所乏，不離別眾生。
能行此四事，便得清淨眾，為清眾故行，極苦亦不捨。
—大寶積經　卷一百

在人間矗立千年的巴米揚大佛，曾經是世界上最高的立佛，沒有被天災地變所毀損，而是在人間的仇恨對立中被徹底毀滅，這幕景象，重擊了世人的心。

當時，我心中浮現一幕場景：佛陀與侍者阿難走過石窟，阿難看著殘破倒塌的大佛，停下腳，皺著眉，轉頭看看佛陀，佛陀卻是神色平靜如常，沒有停下來，一如往常，寂靜地往前走。阿難似乎想說些什麼，最後搖搖頭歎了口氣，繼續跟著佛陀走了。

這幕心景，讓我生起畫出大佛，來彰顯佛陀永遠的和平、智慧與慈悲的心念。

二〇〇一年起，我開始構思如何完成大佛畫，而二〇〇五年的一個覺明之夢，更讓我清楚覺知如何進行大佛行動。

有一天，在似睡非睡之間，佛陀拿了一個木牌送給我，上頭刻著「麒麟」兩個字。麒麟是中國傳說中的仁獸，相傳於太平盛世或聖人出世時才會出現。孔子出生前及逝世前，都出現了麒麟。

我收下了佛陀的禮物，心想也應回贈佛陀禮物，於是也回送了佛陀一張長寬各一百公尺的大畫，佛陀也收下了。

雖然是夢中允諾，但是，已經答應佛陀的事，就要實現，因此就確定了大佛計劃的雛形。然而為了完成這個超越人類體能極限的任務，從二〇〇一年起，不斷地構思行動，我開始了長達十七年的大畫實驗。

大佛畫我

《華嚴經》中說：「心如工畫師」，畫就是心，心就是畫；所以我在畫大佛的時候，其實就是一個觀想的過程，與法界實相相應的過程。我在作畫跟修法，或是說法教學，或是做任何事情，都是相同的。所以，作畫對我來講，就如同我人生的各部分，本身就是禪觀的過程、修鍊的過程。

藝術家把時空凝結在作品完成的剎那，我不是把時空凝聚在筆下，而是從作品完成之後，展開它自身的時空生命。

畫大佛，是一種修鍊的過程，不是「我畫佛」，而是「佛畫我」，必須空掉自我的執著，才能和佛的心相應來畫。

在繪畫的過程中，我不間斷地持念佛號，祈願世間平安吉祥，觀想一切衆生安住在大佛的佛光中，圓滿成佛。在繪畫時，同時也擷取宇宙精華光明，加入顏料，融入佛身，讓有緣看到大佛的人，都能身心健康、安穩吉祥。

夢與蝴蝶

莊周夢蝶，我有也有一個夢，希望自己變成蝴蝶。

在「蝴蝶效應」理論中說，巴西的一隻蝴蝶輕輕搧了搧翅膀，可能造成美國的颶風。我也希望在這裡輕輕地搧起覺性之風，讓地球充滿幸福覺悟，無盡清風。

大佛的心願

每張畫都有他的心願。人生百年幻生，而畫留千年演法。畫會活得比我久。

大佛的心願，就是釋迦牟尼佛的心願，當大佛完成時，會自在地開創自己的時空生命，依隨著佛陀的本願，在法界中顯現，讓見者欣喜，健康覺悟。隨著在世界各國展出賜福，大佛將凝聚成千上億人的祝福祈願，讓地球成為最美麗的星球，在宇宙中永續航行，將覺性、智慧與慈悲，貢獻給宇宙中所有的生命！

今年（二〇一八）五月，大佛全畫即將完成，並進行為期五天的展出。世紀大佛長 166 公尺 X 72.5 公尺，全畫面積超過一公頃，耗畫一座標準游泳池的顏料，全畫布重近達四公噸，光是大佛懸吊在展館穹頂的展出方式，就是史無前例的大工程。

我以「地球心靈文化節」的概念，以「天下大同」、「人間幸福」、「地球和平」、「眾生覺悟」、「圓滿淨土」，做為五天的活動主題，邀請世界各國的人們來參加這場法界盛會，希望有百萬人來看大佛。為什麼呢？根據「鏡面神經元」理論（mirror neuron）認為，生命間具有自然相互模仿的狀態，佛陀的三十二相、八十種好，是由內在圓滿的慈悲與智慧，自然外顯之相。

大佛就像一面鏡子，希望每一個人觀看大佛時，看著佛身無執、放鬆的身形，細胞自然學習，身心就自然放鬆、放下了。當每個人身心的執著、煩惱不斷減少，身心放鬆、和諧，心開了，運也轉了。每一個人在家庭、公司、社會上，都成爲一個個正向的能量體，在人間的每個角落發光發熱，不斷地幫助人間向上昇華。

當五月大佛展出，如果能夠有一百萬人來看大佛，這一百萬人把覺性的正能量帶回到各自的國家與家庭，串起覺性的覺聯網。大佛就是一個巨大的覺性雲端。

此外，我在畫大佛時，使用了世界各地的土和水加入到顏料裡。包括了佛陀聖地菩提伽耶、文殊菩薩五臺山、雲岡石窟等聖地的土，亦有英國皇宮及日本皇宮的土和水，以及世界各地的土和水，甚至有古文明化石及外太空的隕石，屆時會全部展出，一方面代表大佛身上具足全世界的能量，另一方面也祈願世界各國在大佛身中完全和解。讓地球成爲宇宙覺性的核心，讓台灣成爲地球之心。

和平地球行動

在大佛展出前夕，世界各地的同修，已經開始熱烈響應「和平地球 Peace Earth」快閃運動，從台灣北、中、南，到美國矽谷、印度菩提伽耶，中國北京機場、西安機場，歐洲雅典機場，大家展開和平地球旗，大聲說出「和平地球 Peace Earth」，這些影像不斷集結，到五月大佛展出時，匯集播出。

和平地球旗的背景，以大佛身後的銀河星空局部來設計，及我以魏碑所題之「和平地球」，當每個人在各自所在之地展開和平地球旗，就宛如結界一般，形成和平地球的正念效應。

五月大佛的展出，不只是一場展覽，也不只是一個節日，而是佛陀之後，一個地球上最大的覺性運動、開悟運動。我希望讓每一個從大佛的天空下走過的人，都能圓滿成佛！讓大家的自我心結能夠打開，自我和解，全球和解！

《和解》這個心法的講授，和世紀大佛有很深的關聯。這是大佛帶來的訊息，也是大佛出現在世間的意義。我聽到大佛悲愍衆生的聲音，也看到這個時代因緣的細微之處，爲什麼現在很多不可思議的混亂現象會層出不窮？不會無因無緣而產生。從個人的怨靈到國土的怨靈，在這個時間點被誘發引爆了。所以說：「怨結恨深劫台灣，刀兵深仇地球傷」。希望透過大佛展出，大家一起來讓自己解脫，來讓這世間解脫，讓世界看見台灣的高度，讓台灣成爲地球之心，成就「百萬善人喜相聚，覺性地球在台灣，億萬因緣大覺雲，開悟點通悟聯網」。

地球大佛，宏觀宇宙

人類即將要進入太空世紀，地球上的生命，將和宇宙其他星球生命相接觸。未來，是「星際大戰」的時代，還是「宇宙共榮」的時代？大佛代表了地球和平、覺悟的精神。

我爲大佛取名爲「地球大佛」，他是一尊宇宙的佛陀，他的頂髻核心爲太陽，頭光是太陽系，身光是銀河系，身外爲無垠的宇宙星空。大佛站立在地球上，蓮花托著地球。我用這樣的構圖，來代表地球的覺性精神，對太陽系、銀河系，發出慈悲、智慧、和平的訊息，發出覺性的光明，讓覺性的地球太空船，永續在宇宙間航行！

幸福地球系列6

和解

作者　洪啓嵩
畫作墨寶　洪啓嵩
藝術總監　王桂沰
執行編輯　蕭婉甄、莊涵甄
美術編輯　吳霈媜、張育甄
出版　覺性地球文化事業有限公司
訂購專線：(02)2913-2199
傳真專線：(02)2913-3693
發行專線：(02)2219-0898
E-mail:EEarth2013@gmail.com
http://www.buddhall.com
門市　新北市新店區民權路95號4樓之1（江陵金融大樓）
門市專線：(02)2219-8189
行銷代理　紅螞蟻圖書有限公司　電話：(02)2795-3656
台北市內湖區舊宗路二段121巷19號
製版　瑞豐實業股份有限公司
初版一刷　二〇一八年四月
定價　新台幣二五〇元
978-986-90236-7-2（平裝）

Published by Enlightening Earth
Cultural Enterprise Co.,Ltd.